Fabio & Julius

MENNO HAANSTRA

FABIO & JULIUS

Het jongensboek van Fabio Jakobsen
en Julius van den Berg

DE MUUR

Omslagbeeld: Klaas Jan van der Weij
Omslagontwerp: Pankra

ISBN 9789462310629

NUR 320/480

uitgeverijdemuur.nl

INHOUD

III. VALLEN

IV. OPSTAAN

V. DOORGAAN

WOORD VOORAF

Het idee om twee eerstejaars beloften te gaan volgen ontstond in maart 2015, toen ik tijdens een wedstrijd te gast was in de ploegleidersauto van de toen twee maanden oude continentale wielerploeg SEG Racing Academy. De koers: Energiewacht Dwars door Drenthe. Lengte: bijna 197 kilometer. Start en finish in Roden.

Toen we na ruim anderhalf uur vanuit Assen zuidwaarts reden over de E232 in de richting van Beilen en de oostenwind het achterste deel van het peloton in plukjes uit elkaar blies, leek de ploegenpresentatie van die morgen heel ver weg. Daar stonden de jonge renners gloedvol op het podium, de benen gladgeschoren, de tricots smetteloos schoon, een grijns op de frisse koppen. Het collectieve optimisme over wat ging komen was voelbaar, niet één renner leek er ook maar in de geringste mate aan te twijfelen: vandaag zou hij uitstekende benen hebben, vandaag kon wel eens zíjn dag worden.

Ik vroeg me bij de presentatie af: hoeveel van de beloften aan de start zouden ervan dromen om ooit te tekenen bij een profploeg? Zo aan die koppen te zien: iedereen. Ze rijden niet voor niets in een categorie die niet zijn naam ontleent aan de leeftijd van de renners, maar aan wat er mogelijk in het verschiet ligt: de *beloften*. En zeg nou zelf, iedereen wil toch graag een belofte zijn?

Een kleine 100 kilometer na de start is meer dan de helft van de renners al kansloos voor de overwinning. De geloste renners – sommigen in een groepje van een man of vier, anderen alleen – doen denken aan spartelende vissen op het droge: wanhopig, maar zich zonder voorbehoud verzettend tegen wat zo overduidelijk onafwendbaar is. Ploegleider en ex-prof Michiel Elijzen in de auto, naast me: 'Als ik dit zie, hè, dan ben ik zo blij dat ik niet meer fiets...'

Vanuit de verwarmde wagen, een zak krentenbollen op schoot, Radiohead op de radio, kijk ik met stijgende verbazing naar de van pijn vertrokken gezichten, de amechtig wringende wielrennerslichamen, op nog geen meter bij me vandaan. Waarom doet iemand zichzelf dit aan? Hoever moet die droom van een profcontract wel niet weg lijken als die genadeloze wind je hier over de kale Drentse vlakte tegen het lijf ramt en je nog voor de helft van de koers moet lossen? En hoe voelt dat dan morgenochtend, als je weer op je fiets stapt voor je trainingsrondje, de benen beurs, net als je hoofd? Het zo tot de verbeelding sprekende en op momenten schijnbaar glamoureuze wereldje van het profwielrennen kan nauwelijks verder weg zijn dan hier, op dit moment, voor deze jongens.

Onderweg naar huis houdt het me nog steeds bezig. Wat een genadeloos harde sport is dit toch en wat moet het moeilijk zijn om je te onderscheiden tussen al die andere getalenteerde, onverzettelijke jonge renners. Hoe ga je ooit zorgen dat je wordt opgemerkt door een profploeg? Wie ziet je hier überhaupt fietsen? Ik neem mij voor om, voor een artikelenreeks in *De Muur*, enkele eerstejaars beloften te volgen tijdens hun schijnbaar zo onmetelijk zware opdracht om het te schoppen tot beroepswielrenner.

Aanvankelijk had ik goede hoop dat een van de twee jonge renners die ik vanaf dat moment volgde, Fabio Jakobsen en Julius van den Berg, het zou schoppen tot profwielrenner. Zou de ander het niet halen, dan zou dat, voor het verhaal in ieder geval, alleen maar mooi zijn. Over de mogelijkheid dat ze het allebei zouden redden, dacht ik geen moment na. Maar het gebeurde wel.

Mijn aanvankelijke voornemen was om alleen de reis naar het profbestaan – of niet – vast te leggen. Maar toen de jongens eenmaal beiden hun eerste kilometers als prof hadden afgelegd, leek het me ineens belachelijk om te stoppen. Want waarom stoppen als het nog interessant is? En in zekere zin begon het avontuur nu pas... En dus ging ik door.

Zo werd een verhaal over twee beloftenrenners een verhaal over twee jonge profwielrenners. Jongens die ik volwassen zag worden binnen de extreme context van het wielerpeloton, met veel kenmerken van een snelkookpan. Wat ze onderweg tegenkwamen, de manier waarop ze daarmee omgingen, eigenlijk werd het verhaal met de jaren alleen maar interessanter. Net als het gegeven dat het leven dat ze leidden (en leiden), zo volstrekt anders is dan – of zelfs tegengesteld aan – dat van leeftijdsgenoten. En al gingen ze rijden voor verschillende ploegen, de vriendschap bleef – en verdiepte zich.

En toen was er de val. Op heel wrange wijze verbeeldde Fabio's bijna fatale crash in Polen het extreme leven dat de jongens leiden. De val heeft, achteraf bezien, voor beide jongens gewerkt als een versneller en een versterker. Van hun proces van volwassen worden én van hun vriendschap. Want samen lachen en samen winnen mag een band creëren, als de dood eenmaal zo dichtbij komt en alsnog wordt afgewend, dan staat alles daarna in een ander licht. Dat ik er getuige van mocht zijn hoe de jongens, met alles wat ze de laatste jaren tegenkwamen, opnieuw opstonden en uitgroeiden tot stabiele, open en overal geliefde topsporters, maakt dat dit boek, nog voor er ook maar een enkel exemplaar verkocht is, voor mij al een succes is.

In het voorjaar van 2015, nu bijna acht jaar geleden, moest de reis nog beginnen. Ik zag Fabio en Julius, samen met hun ploeggenoten, uit de zijuitgang van een eenvoudig hotel in Roden stappen. Twee doodgewone knapen die toevallig iets goed konden. Met geen flauw benul van wat er voor hen lag, slechts één plan: wielrenner worden van beroep.

I

SPELEN

'Ja Julius, jij wordt écht prof!'

Maart 2012, Lierop

Op een koude ochtend in het voorjaar van 2012 staan in het Brabantse Lierop honderdvijftig jongens van vijftien en zestien midden op de weg, een racefiets aan de hand. Ze wachten op het startschot voor de nieuwelingenkoers van de Meeus Race, een klassieker over 60 kilometer. Vooraan staan een paar ambitieuze rennertjes te dringen. Sommigen willen straks snel in de aanval, anderen zijn juist bang om de slag te missen.

Verderop lijken de jongens zich niet al te druk te maken – hoe verder naar achteren, hoe relaxter de koppen. Maar schijn bedriegt. Want helemaal achteraan staat een wat slungelachtige vijftienjarige jongen die bloednerveus is. Zijn rechterhand omklemt het stuur van een loodzware stalen Cannondale, zijn rode haar steekt aan weerszijden onder zijn helm uit. Zijn naam: Julius van den Berg.

Het is Julius' allereerste wielerwedstrijd op nationaal niveau. Nog geen jaar geleden begon hij met wielrennen en hij vond het meteen prachtig. Lekker hard rijden en kapotgaan. Hij stond er soms zelf versteld van dat hoe meer pijn hij leed tijdens de training, hoe meer plezier hij eraan beleefde. Al bij de eerste clubtrainingen merkte hij dat er maar weinigen waren die hem konden volgen.

Maar bij wedstrijden ligt dat anders. Het heeft te maken met het probleem dat iedere wielrenner kent die op latere leeftijd begint met fietsen: rijden in een grote groep is doodeng. Het zorgt ervoor dat Julius er steevast, zelfs bij de clubwedstrijdjes, voor kiest om helemaal achteraan te fietsen, zodat hij wat ruimte kan houden tot het laatste wiel. Het resultaat is wel dat hij doorgaans vroeg of laat wordt gelost.

De jongens in Lierop om Julius heen lijken zich niet druk te maken over wat er komen gaat – ze staan ontspannen te keuvelen. Dat geldt al helemaal voor de jongen naast Julius. Deze knaap, ook vijftien, heeft donker haar en is bijna een kop kleiner dan Julius. Hij draagt een veel te ruim, vormloos wielertricot met lange mouwen in het geel, rood en zwart van Rennersclub Jan van Arckel. Hij heeft een brutale, blijmoedige blik die vooral duidelijk lijkt te maken dat hij voor de duvel niet bang is. Daar is ook weinig reden toe, want hij kan sturen als de beste. Hij fietst al vanaf zijn tiende bij de club, inclusief veldritjes in de winter en die wint hij geregeld. De reden dat hij hier nu achteraan staat, is tegenovergesteld aan die van Julius van den Berg: hij weet dat hij, zodra hij wil, in een oogwenk voor in de groep zit. Zijn naam: Fabio Jakobsen.

Juni 2015, Sittard

'Ja, we komen eraan! We hebben boodschappen gedaan. Vijf minuten!'

Aan de lijn heb ik Fabio, achttien jaar. We hebben afgesproken dat ik naar Sittard kom om hem en Julius voor de eerste keer te spreken. Ik sta hier nu al een tijdje te wachten op de jongens. Ik ben bij Huis Watersley, een voormalig kloostercomplex met bijbehorend landgoed aan de voet van de Kollenberg aan de zuidelijke rand van Sittard. Eromheen staan enkele nogal uitgewoonde appartementengebouwen uit, zo lijkt het, de jaren zeventig. In de vleugel van een ervan verblijven momenteel vier SEG-renners: Fabio Jakobsen, Julius van den Berg, de Brit Alex Peters en de Chinees Zhi Hui Jiang.

Het geluid van een auto, een diesel. 'Koppeling los,' mompel ik wanneer ik de motor veel te veel loze toeren hoor maken. Direct daarop komt een zwart vw-busje de bocht om, iets te hard, iets te onbeheerst. Maar het kan, er is hier alle ruimte en er is geen mens te zien. Achter het stuur zit een donkerharige jongeman, een beetje voorovergebogen. Op zijn hoofd een cap, achterstevoren. Het busje parkeert hij met een licht slipgeluid voor het gebouw en nog voordat de motor afslaat gaat het portier open. Ik heb mijn arm nog niet opgetild of hij staat al voor me.

'Hoi. Ik ben Fabio!'

Fabio is rond de één meter tachtig, heeft donkere, stevige wenkbrauwen en een rond gezicht met donkerblauwe, sprekende ogen. Hij oogt uitgesproken vriendelijk, vrolijk en een tikje brutaal. Zijn lichaamshouding is trots, met de borst vooruit en uit zijn korte broek steken een paar gedrongen, bovenmatig gespierde benen, onberispelijk geschoren.

'Je wou mee-eten toch?'

'Nou ja, als het kan...'

'Nee, komt goed!'

Achter hem slaat een autodeur dicht, kort daarop nog een. Nog twee jonge sporters, net als Fabio van top tot teen gestoken in de donkerblauwe SEG-kleding met paars-roze accenten. De eerste, lichtgetinte huid, rank van gestalte, oogt een beetje schuw en al even vriendelijk als Fabio. Hij stelt zich, in het Engels, voor als Alex Peters en maakt zich daarna direct uit de voeten.

Dan moet de laatste Julius van den Berg zijn. Ik zie hem op de rug, hij draagt een kartonnen doos met boodschappen op zijn linkerarm, met zijn rechter trekt hij de schuifdeur van het busje dicht. Dan draait hij zich mijn kant op. Een flinke grijns.

'Hoi! Julius!'

Julius' stem is veel donkerder dan je zou verwachten van een achttienjarige, maar misschien komt dat ook omdat hij verder zo jeugdig oogt. Hij heeft een bijna laconieke uitstraling en een open, vriendelijk gezicht met ietwat diepliggende ogen. Zijn felrode haar – nonchalante, zwierige kuif – zit onberispelijk, maar ik vermoed dat hij er desondanks niet veel tijd aan heeft besteed. Dat kan ook te maken hebben met de algemene indruk die hij wekt, namelijk die van iemand die zich bij voorkeur niet al te druk maakt – en al helemaal niet over iets als zijn haar.

Julius' fysiek is bijna tegengesteld aan dat van Fabio. Om te beginnen is hij een stuk langer, vermoedelijk tegen de een meter negentig. Hij doet een beetje slungelachtig aan, maar dat komt ook doordat hij zijn schouders wat laat afhangen en zijn hoofd nonchalant naar voren steekt. Als er iets is wat Julius van den

Berg met zijn lichaamstaal duidelijk maakt, dan is het: ik vind het prima. Dat is overigens ook letterlijk wat hij zei toen ik hem aan de telefoon vroeg hoe hij het zou vinden als ik hem een paar jaar op de voet zou volgen.

Een halve minuut later staan we in een donkere, nogal bedompte, huiskamerachtige ruimte. De tv staat aan, op tafel een Playstation. Julius verdwijnt naar de keuken, Fabio laat me het huis zien. Op de eerste etage staan, verdeeld over een stuk of vier kamers, overal bedden die ogen alsof er zojuist iemand uit is gestapt. Op sommige bedden ligt een halfopen slaapzak, op andere een dekbed. Fabio vertelt dat de locatie eigendom is van profploeg Giant-Alpecin en dat SEG er ook zo nu en dan gebruik van mag maken. Ik merk dat hij me op mijn gemak probeert te stellen. Hij is sowieso voorkomend, lijkt keurig opgevoed. Hij wisselt je en jij af met u. In een van de kamers installeer ik mijn camera, na het eten ga ik ze daar, apart van elkaar, interviewen.

Terug beneden vraagt Fabio of ik iets wil drinken. Het was een lange dag en het is warm, ik vraag of er een biertje is. Terwijl ik het zeg realiseer ik me dat dat misschien een rare vraag is. Fabio kijkt Julius vragend aan, trekt zijn schouders op. 'Is er hier bier?'

Voor de vorm wordt er even gezocht. Geen bier natuurlijk. Stom.

Fabio en Julius zitten nu een halfjaar in dezelfde ploeg, daarvoor kenden ze elkaar alleen van naam omdat ze geregeld dezelfde wedstrijden reden bij de junioren. Toch is het alsof ze uit hetzelfde dorp komen en elkaar al hun hele leven kennen. Over en weer worden veel, bij voorkeur plagerige grapjes gemaakt. Wie iets doms zegt, of iets wat als dom zou kunnen worden opgevat, wordt direct aangepakt. En dan wordt er gelachen. Door beiden, want geen van beiden lijkt zichzelf bovenmatig serieus te nemen.

'Ja, Julius, nu moet je zelf nog koken, maar straks ben je prof, dan hoeft dat niet meer.'

'Ach, doe normaal man.'

'Ja, Julius, jíj wordt écht prof!'

Fabio zegt het een beetje uitdagend, maar de ondertoon is wel degelijk serieus. Twee dagen geleden deden ze tijdens een trainingsrit de Cauberg in Valkenburg aan. Aan de voet zette Julius aan. Voor mijn camera zegt Fabio er later het volgende over: 'Julius is echt een jongen die zijn talent onderschat. Dan rijden we de Cauberg op en dan gaat ie zó hard...' Hij schudt meewarig zijn hoofd. 'Dan gééft-ie gas... En dan is-ie wel kapot boven, maar dan zie je toch wel: daar zit heel veel op.'

Het gaat die middag tussen de jongens vaak over prof worden en de manier waarop verbaast me een beetje. Als relatieve buitenstaander heb ik altijd gedacht dat een jonge renner een droombeeld heeft van het winnen van een profkoers: de Tour de France, Parijs-Roubaix, Milaan-San Remo... Of dat ze misschien op hun kamer een poster hebben van Cavendish, Dumoulin of Van Avermaet. Wat blijkt: de kans om ooit te winnen in de grootste koersen is simpelweg te klein, het is te ver weg, te abstract. Het gaat tussen de jongens vooral over die allereerste stap: een profcontract tekenen. Dat is het doel: beroepswielrenner worden, wielrennen als baan. De rest komt dan – misschien – later nog wel.

We zitten aan tafel, Alex Peters is ook aangeschoven. Julius heeft een eenvoudige nasi met kip gemaakt en soep vooraf. Er staat een plastic bak met salade uit een zakje, zonder dressing. Voor wat betreft die soep is er een probleem: er is niet genoeg voor vier.

Julius: 'Menno, vind jij het heel erg als jij geen soep krijgt...?'

'Het zat er toen al in bij die dondersteen'

Fabio Jakobsen komt op 31 augustus 1996 ter wereld in Heukelum, een stadje met de omvang van een bescheiden dorp in de Betuwe, iets ten noordoosten van Gorinchem. Zijn voornaam dankt hij aan Fabio Casartelli, de olympisch kampioen van 1992 die ruim een jaar voor Fabio's geboorte omkwam bij een val in de Tour de France. Vader Thijs werkt in glasfabriek Royal Leerdam Crystal in de ploegendienst, moeder Sandra van der Meijden als receptioniste bij de PTT, later PostNL. Thijs heeft onregelmatige werkuren, werkt steeds twee ochtenden, twee middagen en twee nachten achter elkaar en vervolgens is hij vier dagen vrij. Het zorgt ervoor dat hij vaak thuis is als Fabio en zijn vierenhalf jaar jongere zusje Marloes uit school komen.

Thijs is een jongensachtige, vitale no-nonsenseman, een vijftiger met een flinke bos donker haar, pratend met een Betuws, bijna Zeeuws accent. Hij was in zijn jeugd geen onverdienstelijk schaatser, zat tegen Jong Oranje aan. Het is zijn stellige overtuiging dat wie als kind veel sport een veel grotere kans heeft om later goed terecht te komen. En dus spoort hij beide kinderen aan om te sporten. Verder dan aansporen gaat hij niet – hij weet dat als de intrinsieke motivatie ontbreekt duwen geen enkele zin heeft, contraproductief is zelfs. Dochter Marloes vindt sporten leuk, heeft voor het schaatsen zelfs meer talent dan haar broer, maar zodra er sprake is van wedstrijden haakt ze af. Prima, dat sporten, maar ze wil er geen kinderfeestje voor missen. Daar komt bij: ze heeft een hekel aan verliezen en wie niet meedoet kan ook niet verliezen.

Fabio haat verliezen net zo sterk, maar dat uit zich op een tegenovergestelde manier. Waar het kan gaat hij de strijd aan, evenveel gedreven door het zoet van de winst als het zuur van het verlies. Dat laatste probeert hij vervolgens wel tegen elke prijs te vermijden. Bij een weekendje in een vakantiehuisje in Zandvoort wordt het kaartspel eenendertigen gespeeld en als het de zevenjarige Fabio duidelijk is dat winnen er niet meer in zit, vliegen de kaarten door de kamer, net als het kleingeld dat klaarligt voor de winnaar. Het is niet de eerste en ook niet de laatste keer dat een kaartspel zo eindigt. In Zandvoort volgt een stevige reprimande, net als de keren ervoor, maar het is altijd tevergeefs. Fabio's aversie tegen verliezen is groter dan de vrees voor een uur op zijn slaapkamer.

Het gebeurt meermaals dat moeder Sandra tijdens een voetbalwedstrijd haar zoon van het veld moet halen omdat ze niet langer kan aanzien hoe hij zich misdraagt. Niet dat hij teamgenoten uitscheldt, nee, hij staat te briesen van woede als hij merkt dat teamgenootjes niet net zo graag willen winnen als hij. Sandra: 'Sommige van die kinderen stonden dan madeliefjes te plukken of zo. Dan stond-ie gewoon te janken van frustratie.' Volgens Thijs Jakobsen is het nooit iemand gelukt zijn zoon aan het verstand te brengen wat het verschil is tussen een echte en een vriendschappelijke wedstrijd: 'Hij dacht: hoe kan een wedstrijd nou om niets gaan...?'

De jonge Fabio Jakobsen is extreem beweeglijk, altijd actief. De zijwieltjes die vader op zijn fiets monteert, wil hij er direct weer af hebben en vervolgens fietst hij zo weg. Het is vooral de snelheid die hem aanspreekt, ineens is hij overal veel sneller, de hele dag zoeft hij door de wijk. Als oma hem eens plagerig in de bosjes duwt met zijn fietsje en tegen hem zegt dat hij helemaal niet kan fietsen, reageert hij met een furie waarvan ze schrikt. 'Ik kan wél fietsen, heel goed zelfs!' Fietsen was niet het enige waar hij goed in was volgens jeugdvriend Dirk-Jan ('DJ'): 'Fabio was ook de beste van de klas met gym, hij kon alles goed. Ook voetballen. En schaatsen. En als we op wintersport gingen won hij ook alle prijzen.'

Oma Van der Meijden bespeurt een karakter bij haar kleinzoon dat ze nu typeert als een 'winnaarsmentaliteit'. Oma: 'We gingen een keer een stukje fietsen, hij was een jaar of vier denk ik. Hij had een heel klein fietsje, dus daar ging hij, zo hard als hij kon voorop, wij erachteraan over de dijk. Op een zeker moment raakt hij uit evenwicht, schiet van de weg en kukelt zo een meter of vier, vijf naar beneden van de dijk af. Helemaal tot onderaan. Wat denk je? Hij staat op, hij kijkt ons roetvuil aan, pakt z'n fietsje en sleept hem zelf mee naar boven. En daar ging hij weer, net zo hard als ervoor… Helemaal achteraf zeg je dan: het zat er toen al in bij die dondersteen.'

Op de basisschool zit Fabio in de klas met vier andere jongens en verder alleen maar meisjes. Het zorgt voor gezonde geldingsdrang bij de jongens, maar het kattenkwaad blijft onschuldig van aard. Slechts eenmaal halen hij en DJ een streek uit die hun op een vermaning komt te staan. Nadat ze met overblijven de buitenmuren van de school met stoepkrijt hebben voorzien van een piemel van aanzienlijk formaat, staat vrijwel direct een emmertje met een sopje en spons voor ze klaar. Als vriendje Kai na de pauze het plein opstapt, treft hij de jongens driftig boenend aan, met rode hoofden van inspanning.

Als kind komen zijn snelle benen van Fabio al van pas. Als DJ, Kai en Fabio de skelter van een pestkop uit het dorp kapen en de eigenaar komt daarachter, rent hij uit alle macht achter de gelegenheidsdieven aan. Maar hij maakt geen schijn van kans om ze in te halen. Het is namelijk Fabio die achter het stuur zit, trappend alsof zijn leven ervan afhangt. De jongens ronden de joyride af op een manier die past bij een keurig dorp met een sterke sociale controle – de skelter wordt teruggeplaatst op de plek waar ze hem aantroffen.

Als Fabio een jaar of tien is gaat hij naast het voetballen 's winters ook schaatsen. Een touringcar met als eerste halte Heukelum rijdt de schaatsjeugd uit de regio naar de kunstijsbaan van Utrecht. Hij heeft er lol in, met schaatsen ga je lekker snel, en hij merkt dat hij er goed in is, al komt hij er ook snel achter dat er twee grote nadelen zijn: je rijdt steeds hetzelfde rondje en er zijn maar heel weinig wedstrijden. Veel minder dan bij het fietsen in ieder geval. Vanaf datzelfde jaar is Fabio namelijk ook lid van Rennersclub Jan van Arckel in Arkel, een paar kilometer verderop. Zo zit hij tussen zijn tiende en twaalfde op voetballen, schaatsen en wielrennen én karate.

Het schaatsen geeft Fabio op als hij 's winters begint mee te doen aan veldritjes. Dat is veel afwisselender én er zijn ieder weekend wedstrijden. En nog steeds geldt dat niets Fabio zo motiveert als de mogelijkheid iets te winnen. Op de weg is hij bij de jeugdcategorieën een outsider die als alles meezit soms een wedstrijdje wint, maar bij het veldrijden hoort hij vanaf het begint tot de besten van het land – hij bezit de benodigde combinatie van behendigheid, lef, vlugheid, kracht en geldingsdrang. Hij wint als dertienjarige in jeugdcategorie 7 het leeuwendeel van de wedstrijden waaraan hij meedoet en in Lieshout wordt hij Nederlands kampioen met een minuut voorsprong op de nummer twee.

's Winters zijn er meestal wedstrijden op zowel zaterdag als zondag en in de zomer is er ook minimaal een koers per weekend. Het zorgt er automatisch voor dat de vrije tijd van het gezin Jakobsen voor een groot deel in het teken staat van het sporten van zoon Fabio. Marloes vindt het maar niks – hoe meer de gesprekken tussen haar broer en haar vader aan de keukentafel over het fietsen gaan, hoe meer ze zich ertegen afzet. Sandra probeert voor haar dochter, vaak vergeefs, het gespreksonderwerp te wijzigen. Dat Fabio geregeld met bloemen thuiskomt verandert voor Marloes niets. Op het moment dat ze oud genoeg is om thuis te blijven en dus niet meer mee hoeft naar iedere wedstrijd, neemt haar weerstand af. Fijn voor haar én haar moeder – Sandra is het type moeder dat overloopt van liefde voor haar kinderen, het voor iedereen goed wil doen. De hoeveelheid tijd die het fietsen van haar zoon in beslag neemt, bezorgt haar soms een schuldgevoel.

De jonge Fabio staat bekend als behulpzaam, vriendelijk en opgewekt. Het is het soort karakter waarmee je je geliefd maakt in een dorp als Heukelum. Helemaal – en misschien wel vooral – als het gepaard gaat met het soort bescheidenheid dat bij de familie Jakobsen net zo vanzelfsprekend is als dat er iedere avond aardappels op tafel staan. Anno 2022, als Fabio een gevierd wielrenner is en bekend tot ver over de grenzen, is het precies diezelfde bescheidenheid die de Heukelummers zo trots maakt, zo mogelijk nog meer dan de prestaties zelf. Jeugdvriend Kai: 'De Fabio van nu is precies dezelfde als die van vroeger. Hij vraagt je altijd hoe het met jou is en niet omdat het zo hoort, maar omdat hij het wil weten.'

Bij de categorie van de nieuwelingen, waarin jonge renners uitkomen in het jaar dat ze vijftien worden én het jaar dat ze zestien worden, worden de wegkoersen doorgaans gedomineerd door de tweedejaars nieuwelingen – ze zijn ouder, sterker en meer ervaren dan hun soms bijna twee jaar jongere tegenstanders. Fabio kan in zijn eerste jaar al aardig meekomen. In de langere koersen, de klassiekers, zo'n 80 kilometer van lengte, eindigt hij af en toe in de top tien en in de criteriums (40 à 50 kilometer) wordt hij zelfs met regelmaat tweede. Dat laatste altijd achter dezelfde winnaar: Jordi Talen. Wat vermoedelijk meespeelt is dat Talen zich doorgaans redelijk koest houdt tot aan de finale, terwijl Fabio zich vol overgave stort op de lucratieve tussensprints. Het levert hem een mooi zakcentje op – in drie jaar tijd fietst hij ruimschoots zijn rijbewijs bij elkaar.

Als tweedejaars nieuweling wint Fabio een paar criteriums, waarbij hij geregeld ook Jordi Talen voorblijft. De klassiekers blijken meestal nog net te lang, maar als hij slim rijdt kan hij ze wel winnen. Zoals in maart 2012 de Meeus Race in Lierop. Die keer dat hij, voorafgaand aan de wedstrijd, helemaal achter in de groep, op zijn dooie gemak stond te keuvelen naast die lange, roodharige tweedejaars nieuweling uit Purmerend. De jongen met aan zijn hand een loodzware stalen fiets met shifters op de buis, aan de start van zijn allereerste wielerwedstrijd op nationaal niveau: Julius van den Berg.

Wegfietsen, heel hard doortrappen en wegblijven

Zomer 2007, ergens tussen Purmerend en Medemblik

Iets boven Hoorn, ter hoogte van Nibbixwoud, fietst een man, begin zestig, noordwaarts. Hij trapt een stevig, constant tempo, zit mooi stil op zijn fiets. Zijn benen zijn ongeschoren, hij draagt een zwart wielerbroekje en een wielershirt met een kleurencombinatie zoals ze die alleen in de jaren negentig maakten. Aan weerszijden van zijn helm wappert zijn grijze, halflange haar druk in de wind. Van achteren bezien komt zijn rechter enkel wat meer naar buiten dan de linker – het gevolg van een oude blessure.

René van den Berg is in zijn element, hij is waar hij het liefste is en doet wat hij het liefste doet. Wat het nog mooier maakt: vandaag heeft hij zijn zoon bij zich. Voor het eerst fietst Julius mee naar de camping in Medemblik. Julius is tien, hij zit op een mountainbike, draagt een voetbalbroekje en een lustig fladderend, te ruim zittend T-shirt. Zijn helm heeft hij geleend van broer Jesse. Julius zit onbedaarlijk te zwoegen in het wiel van zijn vader, zijn mond staat wagenwijd open, er hangt een druppel zweet aan zijn kin. René weet dat zijn zoon het zwaar heeft, maar zijn tempo aanpassen doet hij niet. René vindt: als je gaat fietsen moet je ook doortrappen en als je moe wordt, dan is dat alleen maar mooi. Des te beter smaakt straks het ijsje.

Er gebeurt iets in René's achterwiel. Hoe erg Julius ook zit te zwoegen, hoeveel hij er ook naar verlangt om in Medemblik te zijn en een duik te nemen in het IJsselmeer, hij merkt, tot zijn eigen verbazing, dat hij het leuk vindt, dat er in dat lijden iets zit dat bijna fijn is. Zijn vader vragen rustiger aan te doen komt niet in hem op, het wiel loslaten al helemaal niet. Later, als hij met een bekertje limonade naast de tent op een campingstoeltje zit en de pijn in zijn benen nog nauwelijks is afgenomen, zegt hij het tegen zijn moeder: 'Dat was echt vet, mam!'

Julius van den Berg is een actieve, vrolijke jongen die het liefst buiten is. Na schooltijd gaat hij heel even naar huis, om direct daarna weer te verdwijnen naar het pleintje in de buurt. Die buurt is in Purmerend. Thuis heeft hij twee oudere halfbroers – Jesse, uit het eerste huwelijk van moeder Nynke, is tien jaar ouder dan Julius en Jeff, uit het eerdere huwelijk van vader René, is zestien jaar ouder.

Julius speelt met een paar vaste vriendjes, en altijd is daar klasgenootje Dave bij. De jongens zien elkaar iedere dag en dan doen ze wat alle jongetjes in de buurt doen – voetballen, tafeltennissen, verstoppertje spelen, spelen op de Playstation, beetje kattenkwaad uithalen. Bij dat laatste gaat Dave verder dan Julius. Het past bij wat beide ouders over Julius zeggen: hij was het gemakkelijkste kind dat je je kunt voorstellen. Schijnbaar moeiteloos vindt Julius zijn weg, heeft overal aansluiting. Hij is begaan met anderen, heeft een groter empathisch vermogen dan gewoon is bij kinderen, die doorgaans vooral op zichzelf gericht zijn. Het komt geregeld voor dat Julius zijn ouders voorstelt om weer eens naar oma te gaan. 'Anders zit ze ook maar zo alleen, dat vind ik zielig.'

Vriendje Dave is als kind, zo zegt hij zelf achteraf, een beetje een buitenbeentje. Hij is wat teruggetrokken en zijn overgewicht maakt hem doelwit voor pesterijtjes. Op die momenten heeft hij veel aan zijn Julius. Als het nodig is gaat Julius voor zijn vriend staan, soms letterlijk. Het solidariteitsgevoel van de jonge Julius is er nu nog steeds. Als hij in 2018 nadat hij Nederlands kampioen is geworden bij de beloften voor de camera van *Wielerflits* wordt geïnterviewd, begint hij ongevraagd te vertellen over zijn ploegmaat Peter Lenderink. Lenderink heeft net zijn laatste koers gereden, want een beknelde liesslagader maakt hem een toekomst als wielerproef onmogelijk. Als Julius erover begint te praten schieten de tranen hem in de ogen, zijn stem slaat over. Hij schrikt er zelf zichtbaar van: 'Ja, zo kan het ook gaan weet je... dat is gewoon best wel kut...'

Julius voetbalt bij VPV Purmersteijn doorgaans als voorstopper. Hij is sterk, fanatiek en kan blijven gaan. De finesse van de voetballer die op de posters in zijn slaapkamer prijkt, Wesley Sneijder, mist hij. Dat deert hem niet – Julius is, zo ongeveer tot zijn veertiende, vastbesloten om profvoetballer te worden. Maar uiteindelijk wordt het besef dat er eigenlijk steeds al was definitief: dit gaat hem niet worden. Het is niet anders. Julius is een beter dan gemiddeld voetballertje, maar toch ook duidelijk minder dan de besten. Het is net als bij gym op school: hij komt goed mee, maar uitblinken doet hij niet. Dat doet hij wel als er een conditietest wordt gehouden en Julius iedereen, inclusief de beste voetballers en de stoerste jongetjes van de klas, achter zich laat. Na afloop staan ze hem, nahijgend, aan te kijken met een mengeling van ongeloof en ontzag. Prompt staat Julius een paar treden hoger in de hiërarchie.

Julius gaat naar een Montessorischool, een school die leerlingen veel vrijheid geeft. Aan het begin van het jaar krijgen de kinderen voor ieder vak een kaartje waarop staat welke taken ze aan het einde van het jaar volbracht moeten hebben. Het tempo waarin de taken worden afgewerkt mogen ze zelf bepalen. Doe je een paar maanden flink je best, dan kun je de rest van het jaar rustig aan doen. Dat ligt Julius wel, het komt nooit voor dat hij verkeerd plant en aan het einde van het schooljaar in de knel komt. Dat wil trouwens niet zeggen dat hij zich bovenmatig inspant. Hij heeft een goed stel hersens, maar is tevreden met goed genoeg.

Een Montessorischool past bij wat ouders Nynke en René belangrijk vinden; dat hun zoon de mogelijkheid krijgt zich te ontwikkelen in een richting die bij hem past. Ze voeden hem op volgens het adagium: altijd zelf blijven denken, nooit zomaar meelopen met anderen. Het zit Julius' ouders zelf ook in het bloed: Nynkes vader was oprichter van de afdeling van de Pacifistisch-Socialistische Partij (PSP) in Alkmaar en zelf heeft ze een verleden als kraker in Amsterdam. René is zo ongeveer de meest non-conformistische en authentieke man die je kunt treffen: hij lijkt een vrijgevochten type, een beetje hippieachtig, lang haar, joviaal, creatief en eigenzinnig. Tegelijkertijd is dat slechts een deel van het verhaal. René is een drop-out die op zijn dertiende van school werd getrapt en ging werken in een bakkerij om zich later, via avondopleidingen, op te werken tot academicus in de pedagogiek. Hij mag flegmatiek lijken, als hij zich een doel stelt is hij tot het uiterste gedisciplineerd. Later zal blijken hoezeer zijn zoon die eigenschap met hem deelt.

Nynke, een docente, is een sociale, warme en hartelijke vrouw, erg betrokken bij haar kinderen. Ze is minder streng dan ze vindt dat ze zou moeten zijn, knijpt nog wel eens een oogje dicht. René is wat dat betreft wat rechtlijniger en kan op momenten behoorlijk streng zijn.

Twee pedagogen die samen een kind krijgen. Het lijkt een project dat onmogelijk kan misgaan. In de belangrijkste zin klopt dat: Julius groeit onbekommerd op en is sociaal, past zich gemakkelijk aan en maakt nooit ruzie. Wat misschien beter had gekund is dat het Nynke en René niet lukt om de tussen hen oplopende spanningen voor hem verborgen te houden. Als ze op Julius' tiende uit elkaar gaan is er bij hun zoon vooral opluchting. 'Ineens was er geen ruzie meer, dus dat was wel lekker...' Julius woont vanaf dat moment de ene helft van de week bij Nynke, de andere bij René. Op zondagen, tijdens de 'overdracht', eten ze met z'n allen. De scheiding pakt goed uit voor iedereen, de spanning is weg en na verloop van tijd kunnen Nynke en René weer uitstekend met elkaar overweg. De eerste keer dat ik Julius' ouders ontmoet, bij Parijs-Tours onder de 23, in oktober 2015, staan ze gemoedelijk samen aan de finish, ze zijn met zijn tweeën naar Frankrijk gereden.

Julius' ontluikende liefde voor de fiets en voor het afzien dat daarbij hoort wordt na de tocht op de MTB naar Medemblik sterker. Waar René eerst degene was die hem meevroeg, komt het initiatief steeds vaker ook van Julius zelf. Zijn enthousiasme wordt door René aangewakkerd. René rijdt geregeld avondwedstrijdjes op de baan in Spaarnwoude en achteraf, aan tafel, komt hij met smakelijke, stevig aangedikte nabeschouwingen, met een gevoel voor heroïek dat zich kan meten met de wijze waarop de vroegste edities van de Tour de France werden verslagen. Zijn zoon smult ervan.

Op het moment dat hij door groeipijn in zijn knieën tijdelijk niet kan voetballen, breekt het moment aan dat Julius zich aanmeldt bij de Zaanlandse Wielerclub DTS. Hij is dan vijftien. Achteraf beschrijft hij het als 'direct raak'. De trainingen vindt hij prachtig, hij geniet van het afzien, van hard fietsen en lekker aanvallen in de oefenwedstrijdjes, soms eindeloos vaak achter elkaar. Een bestuurslid langs de kant voegt bij een van de eerste trainingen René toe: 'Zo, die komt er wel...'

Het enige waar Julius moeite mee heeft is fietsen in de groep. Omdat hij wat later begon met fietsen dan de meeste anderen is hij vaak wat angstig als er met een grote groep wordt gereden. En dus rijdt hij bij alle regionale en clubwedstrijdjes steevast helemaal achteraan, liefst met minimaal een fietslengte tot aan de voorlaatste rijder. Omdat het windvoordeel daar veel kleiner is dan in het peloton, wordt hij vroeg of laat gelost. De eerste wedstrijd op nationaal niveau waaraan hij meedoet is een klassieker op 18 maart 2012 in Lierop, de Meeus Race. Stikzenuwachtig, vooral omdat de groep zo groot is, stelt hij zich helemaal achteraan op. Naast hem die gedrongen jongen met zijn brutale blik van Rennersclub Jan van Arckel. De hele koers zit Julius achterin, maar hij hoeft niet te lossen en tot zijn tevredenheid rijdt hij de koers zelfs uit. Van wat er voorin gebeurde heeft hij niets meegekregen. Daar werd de sprint van een groep van zeventien gewonnen door Fabio Jakobsen.

Bij de volgende klassiekers hanteert Julius een soortgelijk strijdplan – achteraan starten en dan proberen er zo lang mogelijk bij te blijven. Aan zijn fysieke vermogens ligt het niet, want het is al lang duidelijk dat hij als het op hardfietsen aankomt nooit onderdoet voor de besten uit zijn leeftijdscategorie. Dat is vooral te merken als er in waaiers wordt gereden. Dat vindt hij veel overzichtelijker en minder stressvol dan fietsen in de buik van het peloton. Als het criteriumseizoen begint is de angst al flink afgenomen. Daar komt bij dat bij criteriums de groep aanzienlijk minder groot is en, omdat steeds hetzelfde rondje wordt gereden, er ook geen verrassingen zijn als het op bochten aankomt. Julius komt er al snel achter dat hij bij de criteriums een heel andere tactiek kan toepassen, eentje die even simpel is als doeltreffend: langs het peloton naar voren fietsen en vervolgens wegrijden. Of meespringen met een ontsnapping. Eind juli, tijdens de Acht van Chaam, doet hij hetzelfde en prompt zit hij in een kopgroep van vier. In de sprint wordt hij derde en even later staat hij voor het eerst in zijn leven op het podium van een wielerwedstrijd op nationaal niveau. Van schrik vergeet hij zijn helm af te zetten voor de ceremonie.

Een maand later is er de eerste overwinning. In Heerhugowaard voelt Julius zich de hele wedstrijd al goed en met nog vijf ronden te gaan gaat hij in de aanval. Omdat niemand ooit heeft gehoord van Julius van den Berg wordt er niet gereageerd. Als de achtervolgers merken dat hij niet stilvalt is het te laat. Solo komt Julius over de finish. Het zal later bij de junioren het recept blijken voor vrijwel al zijn overwinningen: wegfietsen, heel hard doortrappen en wegblijven.

Knakworsten voor de wedstrijd, trekdrop erna

Vraag een beroepswielrenner aan welke periode hij de mooiste herinneringen bewaart en het is bijna uitgesloten dat hij iets anders zegt dan die van de junioren. Bij de junioren is er geen of nauwelijks voorbespreking, er is geen tactiek – niets moet, alles mag. Het is als een groep eenjarige hengsten die je op een voorjaarsdag met z'n allen tegelijk loslaat in de wei – ze dagen elkaar uit, blazen zich op, maken schijnbewegingen, provoceren, gaan opzichtig in de fout, gokken en verliezen meestal. En wie nu verliest probeert het straks opnieuw en daarna weer. De juniorencategorie is de plek waar renners alle ruimte krijgen om te ontdekken wat ze waard zijn.

Julius komt bij de junioren uit voor Viking Waterland, dat zo'n beetje bekendstaat als hét juniorenteam van Nederland. Zelf heeft hij dat niet eens door – pas nadat hij de overstap maakt, merkt hij aan de enigszins jaloerse reacties van andere rennertjes dat hij blijkbaar naar een bijzonder team is verkast. Ploegleider is Dick Lof, een drukke, joviale reus van een kerel met een uiterst vlotte babbel en een prachtige Noord-Hollandse tongval. Voorafgaand aan het seizoen benaderde hij Julius met een berichtje via Facebook met de vraag of hij niet eens wilde praten. Het gesprek dat volgde overtuigde Julius – hij liet zich overschrijven. Lof is in Julius' prille loopbaan zo ongeveer de best denkbare ploegleider die hij op dat moment zou kunnen treffen. Bij Lof is het koersen spelen op de fiets en laat Julius nou zo speels zijn als je je maar kunt voorstellen. Lof ziet zijn jongens graag, zoals hij het zelf zegt, 'lekker dom' fietsen: 'De koers wordt bijna altijd gewonnen door de slimste en niet door de sterkste, dat weet ik ook wel. Maar slim word je pas door te proberen, te falen en het nog eens te proberen. En daarna weer. Ik zeg altijd: het wielrennen begint pas bij de beloften, tot dan is het spelen en leren.'

Het is niet voor niets dat Julius al direct een renner is naar Lofs hart. Lof: 'Ik zal het nooit vergeten, het was met La Ronde des Vallées, een driedaagse in Bretagne. Ik geloof dat Julius meesprong met de eerste tien ontsnappingen. En het ging hárd, het eerste uur 46 kilometer geloof ik. En dat is niet vlak hè. Komen we op het plaatselijke rondje, is-ie helemaal op, komt-ie buiten tijd binnen. Op de eerste dag dus hè. Dat is natuurlijk niet de bedoeling en dat kreeg-ie heus wel te horen, maar eigenlijk vond ik het prachtig.' Julius maakt wel meer fouten. In de Omloop van het Lage Land wordt hij gelost, is helemaal leeg. Lof: 'Komt-ie na afloop bij me, of het allemaal nog wel zin had, dat fietsen. Dus ik even doorvragen – bleek dat-ie de dag ervoor nog vijf uur had gefietst. In de vrieskou. Nee, jij bent slim, zei ik, haha!'

Bij Viking Waterland is er sprake van een redelijk losse discipline met ruimte voor een grap, maar eenmaal tussen de wielen is het menens. Het past Julius als een oude jas. Hij is gek op hard fietsen, maar daarbuiten is hij vooral een grappenmaker en geen moment serieus. Dick Lof: 'Ja, wat kan ik zeggen, Julius is Julius. Gewoon een clown en vaak ook hartstikke druk. Ik heb hem wel eens uit z'n kamer gehaald en hem met zijn luchtbed in de keuken laten slapen, want hij hield iedereen wakker met z'n geouwehoer. Hij kwam een keer net op tijd voor de fietscontrole bij een koers in Frankrijk, alleen omdat hij het zo leuk vond om te spelen met de rolstoellift van de bus die we mee hadden. En naar boven... en naar beneden... Komt-ie even later doodgemoedereerd aanrijden, begint zo'n Frans jurylid hem toch de huid vol te schelden... Kon hem helemaal niets schelen.' Lof vermoedt dat Julius het stoïcijnse van zijn vader René heeft: 'Die kwam een keer op z'n racefiets naar een koers kijken. Stond-ie toch ineens náást Julius, ín het startvak, je gelooft het niet. Z'n fietscomputertje deed het niet, of Julius niet even kon kijken. Stonden ze daar met z'n tweeën, rustig met dat ding te pielen, twee minuten voor de start... Zegt Julius op een gegeven moment: volgens mij doet-ie het weer. En daar ging z'n pa weer...'

In zijn eerste jaar als junior moet Julius van den Berg nog veel leren, maar volgens Lof was hij na een maand al de beste renner van de ploeg. Het rijden in het peloton is niet langer een probleem en de eerste prima uitslag is er al in april: hij wordt, na een finish in de kopgroep, elfde in de

Arno Wallaard Memorial. Een paar weken later wint hij onder loodzware omstandigheden een klassieker, de Ronde van Zuidoost-Friesland.

In Julius' tweede jaar bij de junioren is het oogsten. Het begint met winst in de Omloop van Borsele in april en twee weken later wint hij een etappe én het eindklassement in de Ronde van Polen. Vooral dat laatste is een prestatie van formaat. 'La Coupe du Président de la Ville de Grudziądz' is een vijfdaagse race in heuvelachtig terrein met een sterk internationaal deelnemersveld. Julius' ouders, thuisgebleven, krijgen mee dat hij iets gewonnen heeft, maar pas als hij met een reusachtige beker terugkeert in Purmerend, realiseren ze zich dat hun zoon iets bijzonders heeft gedaan.

Julius' eigen beleving is vergelijkbaar. Hij vindt het fietsen vooral leuk en geniet van het avontuur van het onderweg zijn met de ploeg – het zijn net schoolreisjes. En omdat alles tot nu heel geleidelijk gaat, lijken dit soort overwinningen een logisch vervolg. Bij het NK Junioren in Ureterp zit Julius in de beslissende kopgroep, maar door een tactische blunder wordt hij tweede. Voor het eerst is hij oprecht ontdaan na een tegenvallend resultaat. Hij vreest dat hij zijn enige kans op een nationale titel heeft verspeeld.

Er is één iemand die zich bij Julius' verlies in Ureterp in de handen wrijft. Dat is Fabio Jakobsen. Hij heeft Julius nog nooit gesproken, maar is bij voorbaat geen fan, omdat Julius bij het sterke blok van Viking Waterland rijdt. Omdat ze veel winnen rijden de jongens van Viking rond met een air van onaantastbaarheid en daarmee maken ze zich niet bijster populair bij de rest van het peloton. In september 2014, bij de Kleine Omloop van de Veenkoloniën, is er een vroege vlucht van vier man met een minuut voorsprong. Daarin zitten onder meer Julius' ploeggenoot Yannick Detant én Fabio Jakobsen. Julius voelt zich beresterk en besluit een poging te wagen solo de oversteek te maken. Dat lukt. Vervolgens rijden hij en Detant zo hard op kop dat de medevluchters een voor een worden gelost, inclusief Fabio Jakobsen. Detant wint, Julius van den Berg wordt tweede. Een jaar later, als Julius en Fabio ploeggenoten zijn bij SEG Racing Academy, zal

Julius Fabio er nog met regelmaat aan herinneren dat hij hem deed lossen. Fabio riposteert dan door de blunder bij het NK in Ureterp aan te halen.

Het sowieso al succesvolle jaar van Viking Waterland wordt afgerond met de nationale titel op de ploegentijdrit in Lauwersoog. Een jaar eerder mocht Julius nog niet meedoen omdat ploegleider en ploeggenoten vonden dat hij veel te onrustig op zijn fiets zat, de anderen durfden niet eens in de buurt van zijn wiel te komen. Nu, in de polder bij Lauwersoog rijden Julius en zijn ploeggenoten de nummer twee op anderhalve minuut.

Als eerstejaars junior is het Fabio's plan om eerst maar eens aan te klampen en goed om zich heen te kijken – uiteraard wel met het idee om dan later te kunnen winnen. Dat hij überhaupt een plan heeft is opmerkelijk – er zijn weinig junioren die verder kijken dan tot de eerstvolgende finishlijn. Het fietsen in die leeftijdscategorie is vooral spel en in de koers is het meestal ieder voor zich. Dat plezier maken doet hij. In december 2021, bij een voor dit boek georganiseerde reünie van SEG Racing Academy met Fabio, Julius, trainer Peter Schep en ploegleider Michiel Elijzen:

Fabio: 'Bij de junioren, dat is de mooiste tijd.'

Julius: 'Ja, honderd procent.'

Peter Schep: 'Voor iedere wielrenner denk ik.'

Fabio: 'Niks moet, alles mag.'

Peter Schep: 'Je kan knakworsten eten voor de wedstrijd, je kan voetballen voor de wedstrijd.'

Michiel Elijzen: 'AA Drink en trekdrop na de wedstrijd.'

Fabio: 'En het maakt niks uit of je wint of niet, want het is maar bij de junioren. Winnen is alleen maar een leuk extraatje.'

Toch laat eerstejaars junior Fabio Jakobsen in 2014 al zien een tomeloze drang te bezitten om beter te worden. Op zijn eigen verzoek krijgt hij door zijn club een trainer toegewezen: Leon van der Wiel uit Made. Van der Wiel nu: 'Wat ik vooral opvallend vond was dat Fabio's vader, die zelf ook duidelijk een idee heeft van trainen, iets zei van: ik bemoei me er niet mee, ik hoor het wel als ik nodig ben. Ja en Fabio zelf, die had een heel gezond, sterk lijf, echt gemaakt voor de sport. Maar het meest bijzonder vond ik hoe serieus hij was. Hij wilde alles weten, wilde altijd over de koers praten. Als ik hem na een training masseerde, overhoorde ik hem. Zo van: vandaag hebben we intervaltraining gedaan, wat gebeurt er dan in je lichaam? En wat kan je nu het beste morgen doen?'

In het tweede deel van zijn eerste juniorseizoen wint Fabio al enkele criteriums. En dat terwijl hij ook nog steeds de tussensprints betwist, nog vaker dan bij de nieuwelingen met een goed gevulde envelop als resultaat. Een jaar later is hij, net als Julius, *vertrokken*. Hij is dan sterker, heeft zijn ogen de kost gegeven, heeft geleerd om de koers te lezen. Daar komt bij: voor een jonge renner die toegewijd is, is er bij de junioren wel wat te halen – het niveauverschil tussen de speelvogels en de jongens die nooit een training overslaan is best groot, waardoor in de wedstrijden degene die de meeste trainingsarbeid heeft verricht, daar doorgaans ook voor wordt beloond.

En arbeid leveren doet Fabio. Hij traint veel, hard en slim, is leergierig, luistert naar zijn trainer en inmiddels zelfs ook naar vader Thijs. Die had eerder al eens wat trainingstips gegeven, maar die werden toen door zijn zoon met een lach en een knipoog afgedaan als ongetwijfeld achterhaald. Als zijn trainer hem later dingen begint bij te brengen die zijn vader hem al eerder vertelde, komt hij daarop terug. Thijs Jakobsen: 'Komt-ie ineens bij me, zegt-ie: zeg pa, mag ik die oude schema's van je nog eens zien…? Vond ik stiekem wel mooi.'

De almaar groeiende toewijding valt Thijs sowieso op. 'Ik begon dingen te zien waarvan ik dacht: nou jochie… Hij was zeventien, tweedejaars junior dus, toen ik van anderen hoorde dat hij ergens had geroepen dat hij de Arno Wallaard Memorial wel zou gaan winnen. Dat is de bekendste klassieker in onze regio. Toen dacht ik: nou jochie, wat haal je je nou toch op je nek? Dus de regionale pers erbij, vooraf werd hij nog geïnterviewd, stond hij bij de start helemaal achteraan. Klinkt het startschot, rijdt hij naar voren en is hij gewoon heer en meester over die wedstrijd... Hij had ook vooraf verkend, hè, wilde per se winnen voor het thuispubliek. Dan denk ik van: als je dat soort dingen roept, maar het vervolgens ook doet, dan is het geen spielerei meer, hè.' Een week eerder had Thijs' zoon al de waaierklassieker Omloop Noordwest Overijssel gewonnen, later dat seizoen volgde nog een flink aantal criteriums.

Zo ongeveer vanaf het NK op de weg, doorgaans eind juni, beginnen tweedejaars junioren zich te oriënteren op de mogelijkheden voor volgend jaar – er moet een overstap gemaakt worden naar een beloften- of amateurploeg. Jonge renners met de ambitie prof te worden hebben vanzelfsprekend de voorkeur voor een ploeg met een zo goed mogelijke reputatie als opleidingsploeg, eentje die al heeft bewezen profrenners te kunnen afleveren. Daarvan zijn er niet veel, dus het is dringen en dat zorgt vaak voor stress.

Bij Fabio is daarvan geen sprake – hij heeft al ruim een maand voor het door Marten Kooistra gewonnen NK zijn handtekening gezet onder een contract met het opleidingsteam van profploeg Team Giant-Shimano. Ook andere ploegen willen hem vastleggen, maar als eenmaal bekend is dat hij heeft getekend, komen er geen telefoontjes meer. Maar begin oktober, op het moment dat vrijwel alle opleidingsploegen al zijn voorzien voor het volgende jaar, wordt bekend dat Giant-Shimano, dat in 2015 zal verdergaan als Giant-Alpecin, per direct stopt met zijn opleidingsteam. Het betekent dat Fabio Jakobsen een contract heeft getekend bij een niet-bestaande ploeg.

Toch zal er zich snel een nieuwe mogelijkheid voordoen die achteraf bezien misschien nog wel beter is gebleken. Het gaat om SEG Racing Academy, een zeer ambitieuze nieuwe opleidingsploeg, opgericht door rennersmakelaars en broers Eelco en Martijn Berkhout. Zij hebben voor 2015 inmiddels een vijftiental uiterst talentvolle jonge wielrenners, afkomstig uit binnen- en buitenland, vastgelegd.

Een daarvan is Julius van den Berg.

II

GROEIEN

Twee beloften

Per 1 januari 2015 staan Fabio Jakobsen en Julius van den Berg, beiden achttien, onder contract bij SEG Racing Academy. De ploeg is een idee en initiatief van de broers Martijn en Eelco Berkhout, binnen de Sports Entertainment Group (SEG) directeur/eigenaar van SEG Cycling, waarmee ze het management verzorgen van profrenners, waaronder Sebastian Langeveld, Niki Terpstra, Daniel Martin, Wout Poels en Bauke Mollema.

Uitzonderlijk aan SEG Racing Academy is dat de eigenaren van het team tegelijkertijd de managers zijn van de renners. Het idee daarachter is tweeledig. Ten eerste is het altijd beter om een renner uit je stal zelf op te leiden dan dat je het aan een ander overlaat. Zo heb je zicht op zijn ontwikkeling en kun je er invloed op uitoefenen. Tegelijkertijd minimaliseer je, juist door de intensieve begeleiding, de kans dat een jonge renner zich bezighoudt met ongeoorloofde zaken. Over dat laatste: SEG Racing Academy is anno 2015 voor zover bekend het enige continentale team dat van zijn renners een UCI-bloedpaspoort bijhoudt. Alleen World Tour-ploegen hebben die verplichting.

Het voordeel voor een manager van het hebben van een eigen opleidingsploeg mag duidelijk zijn, voor jonge renners is de constructie ook aantrekkelijk. Dat heeft te maken met het feit dat je als beloftenrenner, hoe succesvol ook, vaak geen idee hebt of je wel wordt opgemerkt door de profploegen. Rijd je bij SEG, dan hoef je daar niet over in te zitten – de gebroeders Berkhout zijn bij het profwielrennen spin in het web en doen er alles aan om hun renners als de tijd rijp is onder te brengen bij een passende profploeg.

In die zin is de benadering van SEG wezenlijk anders dan die van het veelgeprezen Rabobank Development Team, dat in 2015 zijn laatste seizoen beleeft. Het doel van die ploeg was altijd om jaarlijks twee à drie renners de stap te laten zetten naar het 'grote' Rabobank (later Blanco, Belkin), maar voor de overige renners was er geen plan. Die vielen af en als ze geluk hadden kregen ze een bescheiden contract bij een pro-continentale ploeg. Zo niet, dan was de droom al geëindigd voordat hij was begonnen.

Is een profploeg geïnteresseerd in een van de renners van SEG, dan kan het bloedpaspoort worden ingezien, net als de resultaten van alle verschillende tests die de renners bij SEG hebben ondergaan. Een wielrenner van SEG krijgt, zeker vergeleken met andere continentale ploegen, begeleiding van uitzonderlijk hoog niveau – in 2015 en 2016 onder anderen van performance director en ploegleider Michiel Elijzen en trainer Peter Schep. De renners mogen gebruikmaken van verblijfslocaties in Sittard, Eindhoven en het Spaanse Girona, krijgen alle nodige (medische) begeleiding en daarbovenop ontvangen ze een bescheiden maandelijkse toelage van 500 euro. Als tegenprestatie moet een renner die wordt vastgelegd door een profploeg zich daarna nog minimaal twee jaar laten vertegenwoordigen door de gebroeders Berkhout.

Het merendeel van de zestien talentvolle renners met wie SEG zijn eerste seizoen ingaat zit in de categorie van de beloften – renners tot drieëntwintig jaar. Vier van hen zijn net overgekomen van de junioren en dus bij aanvang van het seizoen achttien jaar: de Deen Magnus Bak Klaris, de Duitser Jonas Bokeloh en twee Nederlanders, Fabio Jakobsen en Julius van den Berg. Verder sluiten zich ook enkele oudere renners aan die al in meer of mindere mate naam hebben gemaakt, onder wie de Nederlanders Yoeri Havik, Koen Bouwman, Steven Lammertink en Jasper Bovenhuis, de Brit Alex Peters en de Australisch-Ierse Robert-Jon McCarthy.

De officiële start van SEG Racing Academy heeft plaats in januari 2015 met een kennismakingsweekend in Helmond en Eindhoven. Het weekend is gevuld met teamversterkende activiteiten, waaronder een nachtelijke MTB-speurtocht in groepjes (zónder smartphones), een bowlingtoernooi en judoles van Elco van der Geest. Bij aanvang is er het bekende voorstelrondje: iedereen zegt wie hij is, vertelt kort wat hij tot nu gepresteerd heeft en wat zijn verwachtingen zijn voor het komende seizoen. En natuurlijk worden de plannen van de ploegleiding uiteengezet. De voertaal is Engels.

Vanzelfsprekend zijn het vooral de wat oudere, meer ervaren jongens die zich durven te roeren, maar er is één uitzondering: Fabio Jakobsen. Dat zijn Engels nog elementair is lijkt hem niet uit te maken en het is alsof hij op dit moment heeft gewacht om alle vragen te stellen die hij heeft over het nieuwe project. Eelco Berkhout: 'Ik had daar als achttienjarige dus echt m'n mond niet open durven trekken… Maar Fabio wilde alles weten, die had totaal geen schroom.'

De MTB-tocht blijkt vooral door het bar slechte januariweer een beproeving. Los van Fabio Jakobsen zijn er maar weinig jongens die er lol aan beleven, helemaal als ze horen dat ze aansluitend moeten slapen op de grond in een judohal. Michiel Elijzen: 'Fabio vond alles leuk, die was hartstikke vrolijk toen-ie aankwam, die hadden we nog veel gekkere dingen kunnen laten doen.' Na de overnachting en een judotraining gaan de renners weer naar het hotel in Helmond, waar voor het slapengaan een FIFA-toernooi op de Playstation wordt gespeeld. Het is het eerste moment dat Julius van den Berg van zich doet spreken – hij wint de gamecompetitie met glans.

Maar het is met iets anders dat hij in dat weekend een onuitwisbare indruk maakt op staf en ploeggenoten. De volgende ochtend worden de jonge wielrenners om zeven uur verwacht in de fitnessruimte van het hotel voor een trainingssessie *core stability*. Iedereen is stipt op tijd, Fabio Jakobsen meldt zich zelfs al om tien vóór zeven. Van Julius van den Berg ontbreekt ieder spoor. Om tien over zeven, als de trainingssessie al lang en breed begonnen is, komt hij op zijn dooie gemak de zaal binnensloffen, zijn rode haar recht omhoog, dikke ogen van de slaap. Er klinkt een voorzichtig gejoel.

'Ja sorry, ik kon het niet vinden…'

Michiel Elijzen: 'Ha Julius, daar ben je dan. Eerst maar even twintig strafpush-ups!'

Er wordt besmuikt gelachen, enkele jongens tikken elkaar aan terwijl Julius grijnzend naar het midden van de zaal sjokt en op zijn buik gaat liggen. Zijn ploeggenoten vormen een kring om hem heen. Na vijf uiterst moeizame push-ups, met trillend lichaam, blijft Julius uitgeput op de grond liggen – hij kan niet meer. Zijn ploeggenoten denken eerst nog dat Julius, die zich de afgelopen dagen al nadrukkelijk als ouwehoer profileerde, een geintje maakt. Maar het is geen geintje. In een uiterste poging probeert hij zich een zesde keer op te drukken, maar hij komt niet meer van de grond.

Om hem heen rollen jongens over de grond van het lachen, de trainers kijken elkaar fronsend aan. Koen Bouwman: 'Ik heb zelden zo gelachen. Ik wist niet wat ik zag. Maar hij was ook gewoon acht, misschien wel tien kilo te zwaar. Hij had een buikje en van die tietjes. Ik dacht: die moet nog hard aan de bak om überhaupt op het beloftenniveau te komen.' Michiel Elijzen: 'Zo, die was slap zeg. *Planking* kon hij net een paar seconden en als hij moest stretchen met gestrekte benen kwamen z'n handen net tot aan zijn knieën.' Peter Schep: 'Julius kon niet eens een tijdje op één been blijven staan, het was net zo'n slappe tuinslang.'

Schep plaatst het wel direct in perspectief: 'Nee, ik schrok daar niet echt van. Het is logisch dat je in deze fase jongens voorbij ziet komen die nog veel te verbeteren hebben. Ik vind het zelfs wel mooi, ook omdat je weet dat je als trainer met zo'n jongen nog heel veel winst kunt boeken.'

Julius lijkt zich van het voorval weinig aan te trekken, hij lacht met zijn ploeggenoten mee. Sowieso is hij niet iemand die vatbaar is voor pesterijtjes. Hij is flegmatisch en heeft een gezonde dosis zelfspot, nooit te beroerd om te lachen om zijn eigen blunders.

Maar zijn stoïcijnse houding is ook maar een deel van het verhaal. Dat de lachsalvo's wel degelijk iets teweeg hebben gebracht, blijkt als een maand later een eerste trainingskamp wordt belegd in het Griekse Loutraki. Michiel Elijzen: 'Het verschil tussen de Julius van het kennismakingsweekend en die van het eerste trainingskamp was heel groot. Hij was om zijn voeding gaan denken, was zeker vijf kilo lichter. En we zagen hem voor het eerst op de fiets. Dan zie je wel echt een wielrenner, hoe die gast op zijn fiets zit, echt een pedaleur, supergoede traptechniek. En het maakte niet uit hoe zwaar je de training maakte, hij deed alles mee, deed alle blokken met maximaal. Toen zagen we al dat hij een heel grote motor heeft.'

In Griekenland worden de trainingen steevast afgesloten met een koersje van vier kilometer op een afgesloten parcours. Terwijl de meeste renners dan allang geen zin meer hebben, gaat Julius steeds als eerste in de aanval. En daarna weer. Erin vliegen, hij kan niets mooiers verzinnen, het is de reden dat hij fietst. Peter Schep zegt er in het voorjaar van 2016 op het middenterrein van de wielerbaan in Alkmaar het volgende over: 'Julius is een superinteressante jongen om mee te werken. Je hebt jonge jongens die alles al zo goed doen dat je je bijna afvraagt waar je de winst nog vandaan moet halen. Bij Julius was ongeveer het tegenovergestelde aan de hand. Als je een jongen hebt die al zo hard kan fietsen en die tegelijkertijd zo ongeveer op alle vlakken nog flinke winst kan boeken, dan ga je daar natuurlijk graag mee aan de slag. Daar moet ik wel bij zeggen: het is leuk om als trainer veel potentiële progressie te zien, maar zo'n jongen moet dat zelf ook doorhebben natuurlijk. Ik heb daar bij Julius wel een tijdje mijn twijfels over gehad, maar die heeft hij nu bijna helemaal weggenomen. Wat je zoekt, zeker richting de profs, is een zekere beroepsernst. Dus wat moet je vandaag doen om morgen weer beter te zijn? Fysiek gezien zitten die jonge jongens nu in een sterk opgaande lijn en die lijn wordt steeds minder steil tot hij over een jaar of acht afvlakt. Dit is dus het moment dat het moet gebeuren, je moet de winst boeken zolang hij te boeken is.'

Met de beroepsernst van de achttienjarige Fabio Jakobsen zit het wel goed. In Heerlen en Eindhoven liet hij zich al van zijn beste kant zien, in Griekenland geldt dat zo mogelijk nog sterker. Het valt ook Koen Bouwman op: 'Ik ging toen ik bij SEG kwam richting het moment van de waarheid. Zou ik na 2015 geen profcontract hebben, dan was ik weer gaan studeren. Dus alle ochtenden, voor de training, was ik in de fitnessruimte bezig met mijn core-oefeningen. Fabio ging dan iedere ochtend met me mee, de rest niet.' In Griekenland wordt in de ochtend een fietstraining afgewerkt en na de lunch wandelen de meeste jongens het dorp in, naar een van de koffiebars, beetje slenteren. Fabio blijft achter in het hotel. Op bed liggen, boekje lezen, filmpje kijken. De trainingen vallen hem zwaar en hij weet dat hij, als hij de morgen daarop weer mee wil kunnen doen, moet rusten.

In juni 2015, kort na onze eerste ontmoeting, zet ik Fabio Jakobsen, achttien jaar, in een klein, bedompt kamertje van het Watersley-complex in Sittard voor mijn videocamera. Hij heeft zijn SEG-petje achterstevoren op zijn hoofd, zijn handen liggen in zijn schoot en hij kijkt me beleefd, bijna nederig aan. Vragen stellen is nauwelijks nodig, zelfs het praten over trainen en wedstrijden lijkt hij leuk te vinden. 'Vorig jaar was het nog een beetje spelenderwijs, maar nu met Peter Schep, die blokkentraining, een wattagemeter: er gaat een hele wereld voor me open. Er zit zoveel meer achter... het is zo anders dan twee uurtjes gaan fietsen. Je hebt zo veel verschillende energiesystemen. Ik probeer er ook heel veel over te lezen en over op te zoeken. Als Peter met iets nieuws komt, dan ga ik dat even googelen, ik wil er graag meer over weten. Maar ook weer niet té veel, want dan ga je te veel denken. Als ik op zaterdag en zondag een wedstrijd heb gehad, laat Peter me op maandag krachttraining doen, terwijl je zou denken: ga lekker losfietsen. Dan wil ik wél weten waarom... Nou, dat is dan weer een nieuwe benadering die zegt dat krachttraining iets met je hormoonhuishouding doet, waardoor je beter herstelt. En het werkt, want als ik dan op dinsdag op de fiets stap voel ik me echt goed. Maar soms doe ik naast die krachttraining toch ook een uurtje op de fiets. Je moet proberen je eigen lichaam steeds beter te leren kennen.'

Als Fabio ook maar het vermoeden heeft dat iemand kennis bezit die hem kan helpen om een betere wielrenner te worden, vraagt hij hem het hemd van het lijf of kijkt hij de kunst af. Ploegmaat Alex Peters weet alles over voeding, Koen Bouwman alles van core-oefeningen, Steven Lammertink is goed in rek- en strekoefeningen, Jasper Bovenhuis en Yoeri Havik blinken uit door hun koersinzicht. En dus hangt Fabio aan hun lippen: 'Jasper en Yoeri hebben het negen van de tien keer bij het rechte eind als ze zeggen dat je ergens in de koers voorin moet zitten. Doe je dat een keer niet en ze krijgen toch gelijk, dan laat je het de volgende keer wel uit je hoofd om niet te luisteren.'

Over zijn doelen voor zijn eerste jaar als belofterenner bij SEG: 'Ik wil leren. Je moet een stap maken. Je gaat van koersen van 120-130 kilometer naar 180-190 kilometer en de snelheid ligt hoger. Dit is een leerjaar. Tot nu zat ik al een paar keer in de positie dat ik dacht: hier had ik kunnen winnen als ik al íéts beter was geweest of íéts scherper, of als ik nét dat stukje meer ervaring had gehad. Maar dat is voor volgend jaar, ik ben achttien, ik begin net.' In Griekenland traint Fabio vol overgave, geeft nooit op en tijdens sprintjes schiet hij al enkele keren Yoeri Havik, de vierenhalf jaar oudere sprinter van de ploeg, voorbij.

De ploegleiding van SEG verwacht van de eerstejaars in het seizoen 2015 geen hoge eindklasseringen. Dat is aan de oudere, sterkere en meer ervaren jongens van het team. Voor de vier rookies ligt de nadruk op leren, sterker en slimmer worden, inhoud kweken. Dat kan prima als ze in dienst rijden van bijvoorbeeld Havik en Bovenhuis. Die zijn beiden bij aanvang van het seizoen vierentwintig jaar, voor het bereiken van de profstatus zo ongeveer het laatste jaar dat er nog iets mogelijk is. Bij hen ligt de druk, voor de achttienjarigen is het in hun schaduw prima groeien.

En ze hoeven zich inmiddels alleen nog druk te maken om het fietsen. Beiden startten in september 2014 een hbo-studie (Fabio Commerciële Economie, Julius Communicatie), en dat ging eerst prima, maar later bleek het, toen de trainingskampen en de wedstrijden begonnen, niet meer te combineren. Julius stopte in december, Fabio hield het driekwart jaar vol. Toen de laatste zijn besluit aan zijn ouders voorlegde, was moeder Sandra even emotioneel, bang dat haar zoon, mocht hij geen prof kunnen worden, straks misschien moeite zou krijgen om zijn brood te verdienen. Vader Thijs zag het wel zitten: 'Jochie, je had er nooit aan moeten beginnen. Dat gaat toch nooit, man… Ga nou maar 'ns alles op het fietsen gooien, dan zien we daarna wel weer…

Julius' ouders staan volledig achter zijn keuze om alles op het fietsen te zetten en dragen graag bij waar ze kunnen. Daarom vragen ze een gesprek aan met Peter Schep. Moeder Nynke Hoekmeijer, begin 2016: 'Je begint toch samen aan een bijzonder project. Julius wil profrenner worden en wij willen hem daarbij ondersteunen. Maar dan moet je wel weten hoe, wij hadden nul kennis van hoe een topsporter leeft. Toen hebben we een paar uur met Peter gezeten. Over voeding, training en rust, dat soort dingen…' Ze merkt dat haar zoon in een paar maanden een stuk volwassener en zelfstandiger is geworden: 'Hij was altijd heel makkelijk, maar dat is echt aan het veranderen. Van de week kwam ik laat thuis. Had hij eten klaargemaakt. Allemaal supergezond en mager. Zijn vrienden vroegen hem mee naar Koningsnacht in Amsterdam, maar dan blijft hij thuis omdat hij de volgende dag moet trainen. Aan dat soort dingen merk ik: hij wil dit echt.'

Terechtgewezen in Zwolle

Iedere wielrenner weet hoe loodzwaar de eerste wedstrijden kunnen zijn nadat je bent overgestapt naar een nieuwe categorie. Ze kennen het van de nieuwelingen en de junioren en bij de beloften is het net zo – grotere afstanden, hogere snelheden, oudere, sterkere en meer ervaren tegenstanders. Maar toch: de SEG-jongens hebben in Griekenland een uitstekend trainingskamp gedraaid, hebben voor het eerst een winter op hoog niveau getraind en voelen zich sterker dan ooit. Weinig ambitieuze jonge sporters die dan niet denken: je weet maar nooit…

Op 28 februari, vlak na het Griekse trainingskamp onder zomerse omstandigheden, rijden Fabio en Julius hun eerste wedstrijd bij de beloften: de Ster van Zwolle, een loodzware waaierklassieker van 177 kilometer. Temperatuur: vier graden, gevoelstemperatuur: één graad, windkracht vijf. Al bij het uitrijden van Zwolle gaat het op de kant en zit Fabio in de eerste waaier. Wanneer hij omkijkt en tot zijn tevredenheid constateert dat hij in de voorste groep zit, rekent hij zich al bijna rijk ('Ik denk: dit is gedaan…'). 30 kilometer verderop komen er twee groepen van achteren terug en begint het hele spel opnieuw. Fabio vindt zichzelf terug in de tweede waaier, belandt vervolgens in de derde, waaruit hij, na 150 kilometer, ook weer wordt gelost: 'Toen waren we de juniorenafstand al ruim voorbij, het tankie was leeg, overal kramp…' Fabio finisht op ruim vijf minuten. Julius na afloop: 'De eerste paar kilometer ging het best wel goed. Ik denk: prima tempootje dit. Maar we rijden de stad uit en het gíng me toch op de kant. Ik weet niet eens meer of ik nou in de tweede of derde waaier zat of in de vierde. Tot een kilometer of 120, 130 ging het nog wel, maar toen was het helemaal klaar. Ik ben blij dat ik in een goed groepie zat, maar het was meer op karakter dan iets anders. Het zal er ook niet uitgezien hebben.' Julius finisht als 111de op ruim negen minuten.

Voor beide renners zal het achteraf de zwaarste koers van het seizoen blijken. Een week later finisht Fabio in een vergelijkbare koers onder vergelijkbare omstandigheden, de Dorpenomloop Rucphen, op slechts een halve minuut van winnaar Floris Gerts, nadat hij kopmannen Havik en Bovenhuis tot laat in de koers heeft kunnen bijstaan. Weer een week later finishen zowel Fabio als Julius bij de Energiewacht Dwars door Drenthe in de grootste groep op een minuut van winnaar Manuel Belletti.

Eind juni zorgt Fabio bijna voor een enorme sensatie. Bij het NK voor beloften finisht hij op een haar na als eerste. Een achttienjarige die de categorie tot drieëntwintig jaar wint – het zou pas de tweede keer zijn geweest, na Thomas Dekker in 2003. Als hij vlak voor de laatste bocht in een kopgroep van zestien nog een gat moet dichtrijden, heeft hij net te weinig over om 300 meter later voorbij Stan Godrie (Rabobank Development Team) te kunnen komen. Twee dagen later, als ik hem spreek via Skype, is zijn humeur nog niet merkbaar verbeterd: 'Je was verreweg de jongste in de kopgroep en je wordt tweede. Haal je daar geen enkele voldoening uit?'

'Nee.'

'...'

'Deze kans was eenmalig. Als eerstejaars de trui pakken. Dat komt niet meer terug. Ik weet heus wel dat het niet normaal is wat ik doe, maar ik ben eerste verliezer en daar heb ik niks aan. Mijn ploegmaats springen de hele dag mee om dit mogelijk te maken en dan ben ik de geluksvogel die in de vlucht zit. Dan moet ik het gewoon afmaken en dat doe ik niet.'

Al in Griekenland werd duidelijk dat Julius over een grote motor beschikt. Dat betekent: langer hard kunnen fietsen dan anderen, relatief fit aan de finish van een zware koers kunnen komen. Het zorgt ervoor dat de ploegleiding en de trainer hem, hoe jong ook, graag meenemen naar de meest uiteenlopende koersen. Hij kan ze aan, kan nuttig werk doen voor de kopmannen en tegelijkertijd werkt hij aan het verder vergroten van zijn motor. Iedereen blij.

Een van de koersen waaraan hij mee mag doen om te leren en sterker te worden, is de Ronde van Bretagne; een loodzware koers over een heuvelachtig parcours. Altijd met wind, altijd regen. Het is voorafgaand aan deze etappekoers dat Julius tegen een stevige vermaning van de ploegleiding oploopt. Daags voor de koers verzamelen de renners zich bij het service center van SEG in Eindhoven. Als Julius aan komt wandelen, wekt hij direct de interesse van zijn ploegmaats door het aantal tassen dat hij bij zich heeft: een grote weekendtas, een flinke rugtas én een Albert Heijn-shopper. De laatste is tot aan de rand gevuld met gevulde koeken, roze koeken, chocoladerepen en nog meer zoetigheden. Er klinkt gejoel.

Michiel Elijzen: 'Julius jongen, ben je bang dat je van de week niks te eten krijgt of zo?'

'Nou ja, ik heb gewoon vaak honger.'

'Die tas laten we hier.'

Dat Julius van den Berg qua beroepsernst nog winst kan boeken, blijkt ook tijdens de Giro Ciclistico della Valle d'Aosta Mont Blanc, een meerdaagse klimkoers die hem eigenlijk helemaal niet ligt. Maar, zo redeneert de ploegleiding, Julius kan het vast wel aan en zo niet, dan wordt hij er altijd nog sterker van. En dus reist hij mee naar Italië. Dat het echt te zwaar is blijkt al in de tweede etappe als Julius, net als zijn Chinese ploeggenoot Zhi Hui Jiang, buiten tijd binnenkomt en uit koers wordt genomen. Ploegleider Elijzen weet het goed gemaakt: 'Je bent hier nou toch, we kunnen er beter een trainingskamp van maken. Als jij nou samen met Zhi Hui elke dag een uur voor het peloton uitrijdt... De route is mooi uitgepijld, dus verdwalen kun je niet en zo maak je er gewoon een flinke training van.'

Julius zwijgt, maar aan zijn blik is duidelijk te zien dat dit zo ongeveer het laatste is waar hij zin in heeft en op gerekend had.

Elijzen: 'Wat is er? Wat had je zelf in gedachten dan?'

'Nou ja, ik dacht dat ik mooi met jou meekon in de ploegleiderswagen. De jongens bidons geven.'

'Gaan we niet doen.'

Na enig gebrom stemt Julius in en vanaf de volgende dag rijdt hij alle etappes voor de wedstrijdrijders uit. Dan blijkt weer: zodra Julius op de fiets zit is het goed en is het chagrijn heel ver weg. En zoals bij alle trainingen waarbij hij de aanjager is, de liefhebber die om de haverklap verrassingsaanvallen plaatst en die bij elk plaatsnaambordje vol aangaat, zo maakt hij er ook met Zhi Hui Jiang een spel van. Aan de top van de allereerste col, voorzien van de boog voor de bergpunten, gaat hij zo hard aan dat bij het schakelen naar het buitenblad de ketting blokkeert. Over zijn stuur heen wordt hij gekatapulteerd, enkele meters verder komt hij hard terecht op het ruwe Italiaanse asfalt. Een verzorger zal er het eerste uur niet langskomen en dus rijdt Julius, bebloed en met een zwaargehavende fiets en beduidend minder branie, richting de finishplaats. Later, als hij voor het ploegbusje zit en zijn ploeggenoten hem met opgetrokken wenkbrauwen aankijken, verbaasd over zijn verwondingen, zijn gescheurde en bebloede kleding, verschijnt er een grote grijns op zijn gezicht.

'*Shit happens, guys!*'

Snoepen, af en toe eigenwijs zijn, speels gedrag, om de haverklap zijn Garmin-fietscomputer kwijtraken – het zijn geen doodzonden, eerder de volstrekt normale streken van een achttienjarige jongen die de afgelopen maanden bijna tien kilo kwijtraakte en die tot dit jaar gewend was om alles op zijn eigen manier te doen en te fietsen omdat hij het leuk vond. Welbeschouwd zijn de stappen die Julius van den Berg de afgelopen maanden heeft gezet naar een gedisciplineerd en gestructureerd bestaan veel groter dan die van Fabio. Over de hele linie zijn management, de ploegleiding en de trainersstaf zeer tevreden over Julius van den Berg. Over zijn trainingsethos, zijn altijd vlekkeloze humeur, zijn messcherpe humor en vooral over zijn vermogen om zo schaamteloos hard te kunnen fietsen.

Bij de voorlaatste wedstrijd van het seizoen, Parijs-Tours Espoirs (*espoirs*: beloften), laten beide eerstejaars beloften zien hoezeer ze zijn gegroeid. Bij de Ster van Zwolle werden ze nog als schooljongens terechtgewezen, nu maken ze samen met ploeggenoten Koen Bouwman en Magnus Bak Klaris de koers in dienst van kopman Jenthe Biermans. Ze zetten hem uit de wind, springen mee waar nodig, halen bidons. Het is het levensgrote verschil tussen achter de feiten aan rijden en meedoen voor de winst. Biermans, sterkste man in koers, komt door een tactische misser in de finale net tekort om de koplopers te achterhalen. Sam Oomen (Rabobank Development Team) wint. De sprint van het peloton wordt gewonnen door Fabio Jakobsen.

Vijf weken prof

Na afloop van het seizoen, in november, trekken de twee op Fabio's initiatief voor vijf weken naar Girona om te trainen. Inmiddels zijn ze, zoals Fabio het uitdrukt, 'dikke maten'. Aanvankelijk trokken ze als vanzelf samen op omdat ze de enige Nederlandse eerstejaars van de ploeg waren, maar al bij het introductieweekend in Sittard bleek dat ze het sowieso uitstekend met elkaar kunnen vinden. De ploegleiding stelt ze bij veel wedstrijden samen op. Al snel hebben ze in de koers aan een half woord genoeg om elkaar te begrijpen. Daarbuiten geldt hetzelfde. Wanneer het uitkomt trainen ze met z'n tweeën, als de kalender het toelaat gaan ze stappen in Amsterdam, Fabio blijft dan slapen in Purmerend.

In Girona trainen de jongens hard (Fabio: 'Achteraf misschien wel iets té hard.'), om het tweede jaar als belofte met een paar procent extra inhoud te kunnen beginnen. Vijf weken lang proeven ze van het leven van een prof. Het is trainen, eten, slapen en dan weer opnieuw. Fabio en Julius trainen met z'n tweeën, of ze doen mee met de wielrenners die in Girona wonen en iedere dag op hetzelfde tijdstip afspreken bij de Pont de Pedra, de bekende stenen brug in het historische centrum van de stad. Daar zitten ook een paar profs bij, onder wie Dan Martin en Magnus Cort. De jongens kijken elkaar vol ongeloof aan als Cort, na een stevige training van vijf uur, meedeelt er in zijn eentje nog twee aan vast te plakken.

Huishoudelijke taken worden verdeeld, ze koken om beurten, een keer per week duwen ze een volle boodschappenkar over de klinkers van het centrum van Girona naar hun appartement. 's Avonds kijken ze tv, gamen ze of ze wandelen de stad in voor een kop koffie. Een enkele keer eten ze buiten de deur. Eenmaal bezoekt Julius in zijn eentje Barcelona, Fabio blijft thuis om te rusten.

Twee jongens van negentien die vijf weken samen in Spanje zitten en zich niet één uitspatting veroorloven, ik kan het bijna niet geloven. Maar het is echt zo. Julius: 'Ja, ik heb daar later nog wel eens over zitten nadenken.

Gek eigenlijk, haha.' Het doet me denken aan wat ik Michiel Elijzen eens hoorde zeggen: 'Veel renners zijn als belofte nog serieuzer dan wanneer ze prof zijn. Je wilt alles doen voor je doel om prof te worden, als je het eenmaal bent, komt er pas een beetje ontspanning.'

Wat voor renner?

In 2016 wordt er meer verlangd van de nu tweedejaars belofterenners. Het vrijblijvende is weg, resultaten worden niet geëist, wel verlangd. SEG Racing Academy ziet er qua samenstelling anders uit dan vorig jaar. De al wat oudere kopmannen zijn vertrokken: Yoeri Havik naar Team 3M, Jasper Bovenhuis naar An Post-Chain Reaction. Beide renners zijn er in 2015, voor beiden het jaar van de waarheid, niet in geslaagd om een profcontract te verdienen. Dat geldt wel voor Koen Bouwman – hij tekende bij Team LottoNL-Jumbo. Tussen de talentvolle renners die dat jaar nieuw zijn bij SEG zitten onder meer de Nederlander Tim Ariesen en de Australiër Nick Schultz. Ariesen is een afmaker met een sterke sprint. Hij neemt de plaats in van Yoeri Havik als kopman voor de klassiekers in het voorjaar en verder op alle niet al te geaccidenteerde parcoursen, het terrein dus van Fabio en Julius. Naast Ariesen zal ook de Belg Jenthe Biermans regelmatig worden uitgespeeld als kopman in de vlakkere koersen. Fabio mag dit jaar in de schaduw van Ariesen en Biermans zo nu en dan zijn kansen proberen te pakken, Julius staat nog wat lager in de rangorde; hij zal doorgaans als knecht worden ingezet. Dat laatste neemt niet weg dat hij geregeld voor eigen kansen zal mogen gaan. Er is dus ruimte zat voor wat hij het liefste doet: lekker opportunistisch koersen.

Er moet de komende periode ook een steeds scherper beeld ontstaan van waar beide jonge renners zich in de toekomst het beste op kunnen gaan richten. Anders gezegd: wat voor soort renner moeten ze worden? Het lijkt voor de volger op afstand een soort gegeven: je bent sprinter, klimmer of tijdrijder. En val je niet binnen een van die categorieën, dan zijn er nog wat minder duidelijk omlijnde typeringen zoals leadoutman, klassiekerrenner of knecht, waarbij je de laatste twee nog weer kunt onderverdelen op basis van het soort koersen waarin er gestart wordt. Waar het om gaat: het is belangrijk om een specialisme te hebben, je moet ergens in uitblinken. In zijn algemeenheid kun je stellen dat een profrenner anno nu een stuk completer is dan eentje van twintig of zelfs tien jaar geleden, maar het belang van het hebben van een specialisme is onveranderd.

Fabio liet in zijn eerste beloftenseizoen in de training al een paar keer zien dat hij de sprinter van de ploeg, Yoeri Havik, voor kon blijven en op het NK onder de drieëntwintig had hij als hij iets slimmer was geweest als achttienjarige het rood-wit-blauw mogen aantrekken. Je hoeft geen kenner te zijn om te zien dat hij al een tijdje bezig is zich te ontwikkelen tot een sprinter. Wat voor soort sprinter, daar is hij zelf ook nog niet uit. Maar dat komt wel. In juni 2015 zegt hij: 'Dat ben ik nu wel aan het uitzoeken. Ik heb wel een hele... ik ben wel rap. Maar ja, hoe rap... En ben ik rap als in: massasprint-rap of meer als in: na een zware wedstrijd met een select groepje-rap. Tot nu toe gaat het eigenlijk allebei wel. Maar ik ben benieuwd, ik weet het niet...'

Julius is een stuk meer allround dan Jakobsen, beheerst alle aspecten van het wielrennen redelijk goed, maar blinkt nergens in uit. Dat kan nog komen, maar je kunt al wel met behoorlijke zekerheid vaststellen dat het voor hem een stuk moeilijker wordt om koersen te winnen. Grofweg kun je zeggen dat hij in twee soorten situaties een koers zou moeten kunnen winnen, beide na een aanval – door de sprint te winnen van een select groepje aan het einde van een zware koers óf door solo aan te komen in een eveneens zware koers. Het spreekt voor zich dat er zich voor een sprinter veel meer kansen op winst voordoen dan voor een aanvaller als Julius. Daar komt bij dat het een van de belangrijkste taken van de sprinter is om zich gedurende de wedstrijd zo veel mogelijk te sparen – hij mag wachten, uit de wind gehouden door zijn ploeggenoten. Laat wachten en sparen nou iets zijn dat voor een aanvaller per definitie onmogelijk is. Voor een aanvaller is winnen dus dubbel moeilijk.

'Ik wou dat Julius hem ook mocht dragen...'

Wat er bij Fabio Jakobsen gebeurde in zijn tweede jaar bij de nieuwelingen en later bij de junioren, zien we in 2016 ook in zijn tweede jaar bij de beloften. Na een jaar van eerst vooral aanklampen en later in het seizoen meedoen met de oudere jongens staat hij ook in zijn tweede jaar als belofte op als een van de beste renners van het peloton.

De eerste resultaten van dat jaar zijn nog karig met een 'DNF' (*did not finish*) in zowel de Rabobank Dorpenomloop Rucphen als de Energiewacht Ronde van Drenthe, maar dat is gemakkelijk te verklaren: hij en Julius liepen een buikvirus op tijdens het trainingskamp in Griekenland. In april wordt Fabio, samen met onder meer ook Cees Bol, geselecteerd voor de ZLM Roompot Tour, een wereldbekerwedstrijd voor landenteams voor renners onder de drieëntwintig. In de tweede etappe (122 kilometer, finish in Zierikzee) in slecht weer met regen en harde wind, lijkt het uit te draaien op een sprint met het hele peloton, tot er flink wat renners tegen het wegdek smakken, zodra ze de spekgladde rode klinkertjes oprijden. Fabio niet, hij zit attent voorin. Bij het uitkomen van de laatste bocht starten drie renners hun sprint voor de overwinning: Simone Consonni, Iván García Cortina en Fabio Jakobsen. De laatste wint overtuigend zijn eerste rit bij de beloften. Hij is uitzinnig van vreugde. Dat het geen kleine overwinning is blijkt ook achteraf bezien – alle renners die in Zierikzee bij de eerste tien eindigen zijn drie jaar later wielerprof, de meesten bij een World Tour-ploeg.

Voor de camera's van Omroep Zeeland doet Fabio geen enkele moeite om zijn uitgelatenheid te verbergen. Het is een ontwapenend gesprek, waarbij de geïnterviewde staat te glunderen zoals je dat eigenlijk alleen kinderen ziet doen. Het is het soort spontaniteit waarvan je weet dat hij vanaf nu alleen maar zal afnemen. Omdat Fabio ouder zal worden, gewend zal raken aan camera's en misschien ook wel aan het winnen van belangrijke koersen.

In de Zeeuwse regen, terwijl een verzorger hem in een strak, oranje wielertricot probeert te hijsen: 'Ik denk ja, dan ga ik zelf. Dus ik begin op 300 meter te sprinten. En ik zie rechts nog iemand komen... Ik denk: kop naar beneden en gaan... En er komt niemand meer over... Ja, ik ben echt blij.'

'Deze pakken ze je niet meer af hè?'

(Beleefd hoofdknikje.) 'Deze is binnen, dank u wel meneer...'

Bij het NK, verreden in Ouddorp, treedt SEG aan met een duo van kopmannen: Tim Ariesen en Fabio Jakobsen. En dus moeten de knechten worden verdeeld. Fabio spreekt direct zijn voorkeur uit voor Julius van den Berg: 'Ja, ik wou natuurlijk m'n maat mee hebben...'

De twee kennen elkaar nu ruim een jaar en ze zijn zo ongeveer onafscheidelijk. Naast de fiets, maar zeker ook erop. Inmiddels kennen ze elkaar zo goed en hebben ze zo veel vertrouwen in de kwaliteiten van de ander dat het soms is alsof ze met elkaar kunnen communiceren zonder te hoeven praten. Een blik is genoeg, soms een tik op een bil of een kreet, bestaande uit één of twee woorden. Het zal in Ouddorp van pas komen.

Rabobank Development Team verschijnt met liefst vijftien renners aan de start, maar het lukt ze niet een kopgroep op te zetten die groot genoeg is om weg te kunnen blijven in de nooit aflatende wind van Goeree-Overflakkee. En dus komt uiteindelijk alles weer bij elkaar. Met vijf kilometer te gaan zet SEG-renner Yannick Detant Fabio en Julius bijna vooraan in het peloton af. De wind komt van rechts, aan de linkerkant van de weg vormt zich een bolvormige groep renners, aan de rechterkant blijft ruimte over – daar is immers de wind. Fabio en Julius herkennen de situatie, een paar weken geleden in de Ronde van Berlijn ging het net zo. Ze weten dat, zolang ze aan de rechterkant van het peloton blijven, er altijd ruimte overblijft om erlangs te gaan. Julius vangt veel wind, maar als hij goed is, en dat is hij vandaag, is het alsof hij die niet voelt. In Berlijn ging het nog mis: de twee gingen te vroeg naar voren, nu gaat dat niet gebeuren. Het is, met nog bijna drie kilometer te gaan, wachten, wachten...

Fabio, een dag later, via Skype: 'Op iets van een kilometer van de meet, als ik denk: nu moet je gaan Julius, precíés als ik dat denk gaat-ie... Hij stuurt er rechts zo langs, hij kijkt om en ik zeg: ja goed! En hij begint toch te rijden... Zoals hij dat kan hè, met die lange benen (maakt met zijn armen een fietsbeweging): *wooff wooff wooff...* En hij rijdt van, ik denk 1,1 kilometer tot 400 meter, rijdt eerst langs het peloton en hij gaat iets naar links en hij kijkt me aan en dan gaat hij gewoon nog even door. Toen waren we nummer één en twee van het peloton... Ja, en dan zet-ie me af op 400 meter en ik pak nog even de slipstream van iemand van BMC en op 250 meter ben ik eraan begonnen... Maar toen zag ik al hoe laat het was. Ik had twee weken lang alleen maar sprintjes gedaan en alleen maar krachttraining, specifiek voor die laatste 250 meter. Heel m'n systeem was daarop afgesteld. Ik wist: als ik daar kom, op 250 meter, dan is er niemand die sneller is...'

Fabio Jakobsen, negentien jaar, wordt in Ouddorp Nederlands kampioen bij de beloften, de categorie onder de drieëntwintig jaar.

'Ja, ik heb nu die trui, maar ik wou dat Julius hem ook mocht dragen...'

Peter Schep in dezelfde week: 'Negen van de tien jongens gaan als ze hebben verzaakt en je wijst ze daarop, naar hun schoenen zitten staren. Ik vond het heel sterk dat Fabio zelf al wist wat er het jaar ervoor niet klopte en dat ook meteen toegaf. Ook daarom was het zo mooi dat hij het in 2016 wél afmaakte. Er gaan in de finale altijd situaties komen die je niet vooraf kunt inschatten en dat je in een split second het plan moet veranderen en daarnaar handelen. Dus stel, je hebt nog maar één knecht over, terwijl je vooraf had gedacht over nog vier te kunnen beschikken. Dan moet je direct iets anders verzinnen. Bijvoorbeeld dat je er dan koste wat het kost voor zorgt dat die ene laatste knecht je in het wiel afzet van die en die renner. Dat had hij vorig jaar nog te weinig, maar je weet bij Fabio: hij maakt nooit twee keer dezelfde fout.'

Het is al gezegd: het onderscheidende van Fabio Jakobsen zit hem in zijn sprint, dat van Julius in zijn van God gekregen fysieke talent om lang hard te kunnen fietsen. Om die kwaliteit nog verder uit te bouwen neemt de ploegleiding van SEG hem in 2016 vanaf het begin mee naar de meest uiteenlopende koersen, waaronder de Ronde van Normandië, Circuit des Ardennes International en de Triptyque des Monts et Châteaux, allemaal meerdaagse koersen waarin hij in dienst rijdt van zijn kopmannen: dan weer voor Biermans, dan weer voor Kooistra, dan weer voor Ariesen. Dat hij uit die koersen ijzersterk terugkeert blijkt als hij halverwege april een heel sterke Profronde van Noord-Holland rijdt. Omdat Fabio, de beoogd kopman, bij een val in de ZLM Roompot Tour geblesseerd is geraakt, is Julius, vóor het eerst sinds hij uitkomt voor SEG, kopman in een koers. En niet zomaar eentje, de Profronde van Noord-Holland is zijn favoriete koers. Hij is Noord-Hollander en hij houdt van koersen in de wind, net zolang tot de sterkste overblijft. Als trainer Peter Schep hem daags voor de koers opbelt om alvast de plannen door te nemen, blijkt dat Julius zelf allang heeft bepaald hoe hij gaat koersen.

Schep: 'Als je sprinter wegvalt verhoogt dat de druk op je aanvallers natuurlijk en Julius is een aanvaller, dat is hoe hij moet proberen koersen te winnen. Maar hij verlangde van zichzelf al niets minder dan dat hij in het front van de wedstrijd zou zitten en dat hij op het moment dat de kopgroep weg zou rijden erbij zou zitten. Dus ik zit thuis tv te kijken en daar zie ik hem misschien net iets te gretig op sommige momenten, maar dat hoort bij de leeftijd, dat zie ik graag, helemaal niet erg. Toch zat hij al heel snel geïsoleerd, en dat midden in een overvloed aan groen van Parkhotel en zwart-blauw van Metec. En dan rijdt-ie dus gewoon weg hè.'

Nadat de vroege vlucht is teruggepakt en het peloton begint aan de plaatselijke ronde in Assendelft, is het Julius die de aanval plaatst die de beslissende kopgroep vormt. De Deen Mathias Westergaard wint, Julius wordt vijfde. Van de 164 die morgen gestarte renners finishen er 51, gemiddelde snelheid: bijna 47 kilometer per uur. Het is het eerste echt aansprekende resultaat van de negentienjarige Julius in een koers die ertoe doet. De Profronde van Noord-Holland is een koers waarmee je je kunt onderscheiden, het soort koers waarnaar profploegen, op zoek naar talentvolle jonge renners, altijd met een schuin oog kijken.

Een dikke twee maanden later, kort voor het NK, pakt Julius zijn eerste overwinning in de kleuren van SEG: hij wint de Ronde van Warmenhuizen, een sterk bezet criterium voor eliterenners (beloften en amateurs). In de slotfase rijdt hij in zijn eentje een gat van een halve minuut dicht op de koploper, daarna wint hij de sprint.

Voor Julius was 2016 een prima seizoen, eentje met perspectief. Trekt hij de lijn de komende twee jaar door, dan kan hij zomaar dicht bij een overgang naar de profs komen. Tegelijkertijd weet hij: daarvoor zijn overwinningen nodig in koersen die ertoe doen – zelfs de onbaatzuchtigste knecht uit het profpeloton kwam ooit over van de beloften als een echte winnaar.

Voor Fabio was het seizoen uitstekend, helemaal als hij ook nog nipt tweede wordt in een etappe in Olympia's Tour, achter Kristoffer Halvorsen. Het ultieme doel, prof worden, is zelfs al binnen handbereik. Roompot Oranje Peloton meldt zich bij het management van SEG – ze willen Fabio een contract aanbieden. Het stelt hem voor een dilemma. Van het profcontract, vanaf de junioren het belangrijkste gespreksonderwerp tussen alle jonge wielrenners, is hij nog maar een krabbel verwijderd. Er is wat voor te zeggen om die handtekening direct te zetten, maar Fabio twijfelt. Roompot is een mooie ploeg, maar ook eentje die zich nadrukkelijk positioneert tussen de amateur- en de grote profploegen in – ze richten zich op jonge renners die dreigen over het hoofd te worden gezien door de grote ploegen. Tekenen bij Roompot zou betekenen dat Fabio straks, als hij wil proberen nog een stap hoger te komen, als het ware opnieuw moet beginnen. De andere optie – niet tekenen, blijven – voelt tegennatuurlijk aan, omdat hij er dan voor kiest om nee te zeggen tegen een droom op het moment dat hij die waar kan maken. Niet tekenen betekent minimaal nog één seizoen bij SEG blijven en hopen dat er later meer, en mogelijk ook betere, alternatieven komen.

Gevoelsmatig neigt hij naar het laatste en dat wordt versterkt na gesprekken met Michiel Elijzen en Peter Schep, en later ook met Eelco en Martijn Berkhout. Hun advies: doe het niet, wacht nog een seizoen. Peter Schep: 'Ik weet nog, Michiel en ik zeiden tegen elkaar: als hij nog maar geen prof wordt nu, want dat gaat-ie niet redden, hij mist echt nog de inhoud. Als hij nu al overstapt moet hij er volgend jaar bij de bevoorrading misschien al af.'

Thuis, met zijn ouders, zijn grootouders en vrienden overlegt Fabio veelvuldig. De meesten van hen neigen naar de zekerheid van twee jaar die hoort bij de aanbieding van Roompot. Fabio luistert aandachtig naar hun adviezen, is benieuwd naar de argumenten. Maar uiteindelijk kiest hij voor een ander soort zekerheid – eentje die zich heeft vastgezet in zijn hoofd en die niemand er meer uit gaat krijgen: de zekerheid dat als hij de komende winter keihard werkt om zijn motor te vergroten, nog harder dan de vorige jaren, hij volgend jaar nog veel beter is dan dit jaar. En dan komen er vanzelf nieuwe kansen. Hij blijft bij SEG.

Fabio grijpt de winter aan om, mede op advies van Schep en Elijzen, aan zijn inhoud te werken. Traditiegetrouw belegt SEG twee trainingskampen in Griekenland, eentje in januari en eentje in februari. Fabio besluit al eerder op eigen gelegenheid af te reizen en ook in de tussenliggende periode van vier weken in Griekenland te blijven. Zo verblijft hij uiteindelijk twee maanden in Loutraki, waar de temperatuur tegenvalt, maar waar het wel droog is en hij iedere dag goed kan trainen.

Er is wel een keerzijde, want ongeveer een maand voor zijn vertrek naar het zuiden krijgt hij dikke verkering. En nu moet hij zijn nieuwe liefde, Delore Stougje, na een paar weken direct al twee maanden missen. Overwegen om thuis te blijven doet hij niet: 'Ik had dat al besloten en ik was natuurlijk al jaren bezig om prof te worden. Ik dacht: als het goede verkering is, dan blijft het ook wel goede verkering als ik nu twee maanden wegga.'

Het blijkt goede verkering. Dat zal ook te maken te hebben met het feit dat Delore niet bepaald over één nacht ijs ging. Zij en Fabio kenden elkaar al uit het wielerwereldje – ze fietst zelf ook. Fabio liet bij een wedstrijd nooit een gelegenheid voorbijgaan om een praatje aan te knopen en Delore was altijd vriendelijk terug, maar behield gepaste afstand – ze had geen enkele behoefte aan verkering of iets wat daarop leek. Fabio overhaastte niet, bleef zo nu en dan een appje sturen en haar opzoeken bij wedstrijden. Of zoals Delore het nu zegt: 'Dan kwam-ie steeds even lollig doen, ook als het helemaal niet uitkwam.'

Zoals bij een wedstrijd in mei 2015 in Limburg waarbij beiden startten. Delore mocht als lid van de Nederlandse juniorenselectie met de dames meedoen en was, enkele minuten voor de start, flink zenuwachtig. Op dat moment tikte Fabio met zijn voorwiel haar achterwiel aan. 'We moeten die kant op toch?' En hij wees bewust de verkeerde kant op, een grijns op zijn gezicht.

Delore, kortaf: 'Nee, jullie moeten daarheen!'

Af en toe vraagt Fabio Delore of ze eens wil afspreken, meestal zegt ze dat ze het te druk heeft. Als ze zich laat ontvallen stage te lopen bij een kapsalon in Zuidland en Fabio haar weet te ontfutselen op welke dagen ze werkt, vat hij in het voorjaar van 2016 het plan op om haar tijdens een trainingsrondje op te zoeken. Dat zal hij tegen haar zeggen tenminste, maar voor een rondje is de afstand te groot. Het is ruim 75 kilometer, dus hij kiest twee keer de kortste weg. Als hij de kapsalon binnenstapt roept hij tegen de stomverbaasde en van kleur verschietende Delore dat hij toch in de buurt was en even zijn bidon komt vullen – hij vertelt er niet bij dat hij nog een volle op de fiets heeft. Delore voelt zich tegenover haar collega's hoogst ongemakkelijk en doet haar best om Fabio zo snel mogelijk de deur weer uit te werken.

Het zal nog tot oktober duren voordat ze om is. Tot dan houdt ze de boot zorgvuldig af, maar nooit helemaal. Ze belooft hem op de dag na haar achttiende verjaardag naar Heukelum te komen. Dat ze de reis onderneemt zegt wel iets. Delore heeft niets met daten om het daten en zal niet met een jongen afspreken als ze niet denkt dat het echt iets kan worden. Fabio weet dat dan nog niet, hij verwacht zelfs niet eens dat ze komt, want ze had al eerder eens beloofd om te komen, maar zei dan kort van tevoren af. Daarom kondigt hij de visite thuis ook niet aan. Maar Delore komt, samen rijden ze naar Gorinchem voor een drankje. Twee weken later neemt hij haar mee naar een feestje van een vriend en als iemand hem vraagt wie zijn date is, antwoordt hij vol zelfvertrouwen: 'Da's m'n vriendin.'

Naar Quick-Step Floors

De extra trainingsarbeid in de winter betaalt zich terug. In 2016 was Fabio de beste belofte van Nederland, in 2017 is hij een van de besten wereldwijd. Dat zijn motor flink is vergroot, wordt direct duidelijk in de eerste koers van het seizoen, de Ster van Zwolle, waar hij en Julius er in 2105 nog genadeloos vanaf werden gereden. Nu, twee jaar later, zit hij in de kopgroep en draait hij de hele dag mee op kop. Zodra duidelijk is dat het peloton niet terugkomt, blijkt dat alle medevluchters denken dat Fabio de snelste is van de groep. En dus komen er aanvallen, waarna het steeds Fabio zelf is die het gat dichtrijdt. Michiel Elijzen: 'Toen heeft hij de laatste drie, vier kilometer hard op kop gereden om te voorkomen dat er nog iemand ging demarreren. Vervolgens gaat-ie als eerste aan en wint-ie met een paar lengtes. Echt heel erg sterk...

Fabio, na afloop voor de camera, laat direct zien dat de bleue jongen van de ZLM Tour minder dan een jaar later al helemaal verdwenen is:

'Ja, ze kijken allemaal naar mij hè. Geeft niet, dan doen we het zo.'

Er volgen overwinningen in de Ronde van Normandië (etappe), Rund um den Finanzplatz Eschborn, de Profronde van Noord-Holland, een etappe in de Tour Alsace, een etappe in de Ronde van de Toekomst en twee in Olympia's Tour. Tussendoor prolongeert Fabio als eerste in de geschiedenis de titel van Nederlands kampioen bij de beloften. Na afloop van het gewonnen NK wordt door *Wielerflits* de vraag gesteld waarop het antwoord eigenlijk allang duidelijk is: ben je volgend jaar prof?

Fabio: 'Ik denk niet dat ik me daar zorgen over hoef te maken. Ik denk dat ik mezelf goed op de kaart zet met de overwinningen die ik heb. Nu is het kijken: wat is het beste voor Fabio Jakobsen?'

Het beste voor Fabio Jakobsen blijkt Quick-Step Floors. Enkele dagen na het NK tekent hij zijn eerste profcontract bij de ploeg van Patrick Lefevere. Het bericht wordt bekendgemaakt op de dag dat hij in zijn nieuwe rood-wit-blauwe trui zijn mooiste overwinning van het jaar behaalt: de tweede etappe van de Tour de l'Avenir, de prestigieuste koers voor amateurs en jonge profs. In de editie die zal worden gewonnen door Egan Bernal sprint hij in de tweede etappe, met de finish iets oplopend, naar de overwinning. De nummer twee, Álvaro José Hodeg, volgt op enkele fietslengtes. Google de finishfoto en je ziet het: er was nog nooit iemand zo klaar voor de profs als Fabio Jakobsen in de zomer van 2017.

Julius van den Berg rijdt in 2017 een goed, constant seizoen bij de beloften. Hij staat er direct – bij de internationale profkoers Ronde van Drenthe is hij vanaf kilometer 3 in de aanval met Jan-Willem van Schip en Twan Castelijns. In de finale zorgt een monumentale inzinking ervoor dat hij moet lossen, maar het is duidelijk dat ook hij in de winter een flinke stap heeft gezet en bezig is aansluiting te vinden bij de beste amateurs. In de Ronde van Bretagne valt hij door een lekke band in de laatste etappe buiten de top tien van het algemeen klassement – anders was hij als zevende geëindigd. In het eindklassement van Olympia's Tour wordt hij vierde. Zijn grootse wapenfeit heeft hij dan al behaald – op 21 juni wordt Julius Nederlands kampioen tijdrijden voor beloften. Op een heuvelachtig parkoers waarop hij, in zijn eigen woorden, steeds 'lekker uit zijn ritme wordt getrokken', is hij de snelste van allemaal, voor Pascal Eenkhoorn.

Als ik Julius in oktober 2017 spreek om zijn voorbije seizoen door te nemen, noemt hij het NK tijdrijden als hoogtepunt. Maar het knaagt wel aan hem dat hij geen rit in lijn heeft gewonnen. Eigenlijk had dat bij het NK op de weg moeten gebeuren. Hij kwam ver, zat de hele dag in de kopgroep met onder meer ploeggenoot Hartthijs de Vries, maar aan het einde van de dag was het die andere SEG-renner die met de bloemen stond te zwaaien: Fabio Jakobsen. Julius werd vierde.

Op de vraag of hij wel eens jaloers is op Fabio: 'Nou ja, jaloers, het is gewoon superknap natuurlijk. Vorig jaar was hij goed, maar dit jaar laat hij zien dat hij nu een grote motor heeft. Jaloers... Ja, aan de ene kant wel natuurlijk... Maar het is wel mijn maat, dus ik gun het hem ook. Maar volgend jaar wil ik ook mooie wegwedstrijden winnen.'

Een jaar later zal hij na een solo en met driekwart minuut voorsprong op de nummer twee in Hoogerheide Nederlands kampioen worden bij de beloften.

Een prof en een belofte

In 2018 zijn Fabio Jakobsen en Julius van den Berg voor het eerst sinds het voorjaar van 2015 geen ploeggenoten meer. Julius weet dat als hij nog beroepsrenner wil worden, het komende seizoen allesbepalend zal zijn. Concreet: hij heeft enkele, maar eigenlijk meerdere klinkende overwinningen nodig. Overwinningen dus in koersen die ertoe doen, die gezien worden en het liefst ook overwinningen met vertoon van macht. Lukt dat niet, dan is de kans groot dat hij volgend jaar weer in de schoolbanken zit. Hij volgde korte tijd de hbo-studie Communicatie, maar dat vond hij oersaai, dus wordt hij geen prof, dan zal het iets anders moeten worden. Nu, ruim drie jaar later, lijkt opnieuw studeren heel ver weg – en toch kan het heel snel realiteit zijn. Maar Julius is er goed in om niet te veel na te denken over dingen waar hij niet aan wil denken. Het is dus zo simpel als wat: om de interesse te wekken van profploegen heeft hij in 2018 1'tjes nodig achter zijn naam op ProCyclingStats.

Fabio ziet hij dit jaar een stuk minder vaak, maar op WhatsApp houdt hij veel contact met zijn vriend. Dat is nooit al te serieus, ze blijven elkaar de maat nemen. Begin 2018 stuurt Julius Fabio een foto van Fabio's Instagram-biografietekst. Daarin staat:

Pro Cyclist at Quick-Step Floors
Graduate from the SEG *Racing Academy*

Het laatste regeltje heeft Julius omcirkeld.

Julius: *Loserrrrrrrr*
De man doet aan school

Fabio: *Afgestudeerd*
Jaar te vroeg
Cum laude

Fabio is vertrokken, maar bij SEG zit een jonge wielrenner met wie Julius al veel langer bevriend is. Cees Bol en hij kennen elkaar al vanaf de tijd dat ze samen reden bij de Zaanlandse Wielerclub DTS uit Wijdewormer. Ook in de jaren na DTS blijven ze veel samen trainen. Als Julius dit jaar voor zijn laatste kans gaat, zit Cees Bol al in blessuretijd – hij is een jaar ouder en dus geen belofterenner meer, maar eliterenner zonder contract.

2018 zal het seizoen worden van Cees Bol en Julius van den Berg. Dat heeft deels te maken met de samenwerking met de nieuwe ploegleider van SEG, Michel Cornelisse. Diens eerste herinnering aan dat seizoen is die aan het trainingskamp in Griekenland, waar Julius en Cees als het aankwam op core-oefeningen in de ochtend duidelijk de sterksten waren. 'Dat is wel een teken dat je je vak serieus neemt. Ik weet het niet zeker, maar ik had de indruk dat Julius zijn ogen flink de kost had gegeven bij Cees, maar ook bij Niki Terpstra en Laurens ten Dam. Met die jongens trainde hij veel.'

Het is nogal een contrast met Julius' allereerste core-training bij SEG, waarbij hij eerst te laat kwam. Zijn ploeggenoten van toen rolden over de grond van het lachen, die van nu proberen bij hem de kunst af te kijken. Hard trainen op de fiets deed hij altijd al, maar begin 2018 heeft het er alle schijn van dat hij inmiddels ook naast de fiets leeft als een prof – goedbeschouwd nog voordat hij het is.

Als je wilt zien hoe goed Julius van den Berg is in het seizoen 2018, dan moet je eens op YouTube zoeken op 'Profronde Noord-Holland 2018', de koers waarin hij een jaar eerder nog zesde werd en die werd gewonnen door Fabio Jakobsen. Op tien kilometer van de meet, in de regen, als het peloton in waaiers is getrokken, is er een kopgroep van zeven man. Wim Stroetinga is op papier de snelste, maar door een overmacht aan SEG-renners (Julius, Cees Bol, Marten Kooistra) durft hij niet te wachten op een sprint – hij valt zonder voorbehoud aan. Maar die aanval is niet wat je aandacht trekt – dat is het gemak waarmee Julius naar Stroetinga's wiel rijdt: zijn bovenlichaam stil en vlak als een dienblad, zijn handen ontspannen boven op het stuur. En in zijn gezicht geen enkele verkramping.

Op 2,5 kilometer van de meet demarreert Julius zelf. Eén man komt tot op 10 meter van zijn wiel, daarna loopt hij verder uit. In aankomstplaats Alkmaar heeft hij alle tijd om overeind te komen – hij wint met overmacht de wedstrijd die al zijn droomkoers is vanaf het moment dat hij als vijftienjarige slungel begon te fietsen op zijn loodzware Gazelle met shifters op de buis, een afdankertje van zijn broer. Dat de clown Julius nooit ver weg is, blijkt uit zijn zegegebaar op twintig meter voor de meet – met een wat onhandig ogende scheppende beweging brengt hij een ode aan zijn trainer, Peter Schep. Maar het leidt vooral tot misverstanden – het gebaar lijkt veel op het wiegende gebaar dat voetballers als aanstaande vaders graag maken naar de camera. Het levert hem, en zijn vriendin, tientallen appjes op met dubbele felicitaties – een voor de mooie overwinning én een voor de veronderstelde gezinsuitbreiding.

Als ik met Julius eind mei 2018 aan de telefoon het eerste deel van het seizoen doorneem, is het alsof ik met een nieuwe Julius spreek. Niet dat hij opgewekter is dan anders, dat is hij altijd, hij praat vooral méér dan normaal, weidt meer uit, vertelt dingen zonder dat er een directe vraag aan voorafgaat. De eerste overwinning was er al in maart, bij een van die twee prestigieuze Franse rittenkoersen voor continentale ploegen: de Ronde van Normandië. Door ziekte in de voorbereiding had hij er niet veel van verwacht, maar in rit vijf reed hij solo naar de twee aanvallers toe, om ze vervolgens in de sprint kansloos te laten. Het was zijn eerste overwinning op dit niveau, het soort koersen dat met grote belangstelling wordt gevolgd door profteams. In Normandië werd hij ook vierde in het eindklassement en won hij het jongerenklassement. Een maand later, bij die andere Franse rittenkoers met een 2.2-notering, de Ronde van Bretagne, won hij de zesde etappe door als enige van de vroege vlucht over te blijven. Richting het einde van de koers merkte hij verbaasd op dat zijn medevluchters de heuvels steeds slechter verteerden: 'Ze gingen een voor een naar de klote, ik dacht: wat is hier aan de hand?' In de finale staken renners uit het peloton over, met twee van hen, Fabian Schmidt en Johan Le Bon, beiden Bretonnen, bleef Julius over. De

Fransen vielen om beurten aan, maar Julius maakte iedere aanval onschadelijk. Op 500 meter van de meet was er een laatste Franse poging, Julius bleef eenvoudig in het wiel van Le Bon zitten, om er 250 meter verderop overheen te springen. Schmidt kon zijn wiel niet houden.

Die ochtend had kamergenoot Cees Bol hem de pas voor de hotelkamer overhandigd. Bol, drager van de puntentrui met een flinke voorsprong. 'Hier, neem jij de kamerpas maar, ik ben vanmiddag later, ik moet nog naar het podium.' Julius had toen gezegd: 'Hou die maar, ik moet vanmiddag ook naar het podium.' Bol achteraf: 'Dat is me heel erg bijgebleven, dat hij zo veel vertrouwen had. Dat was echt niet zomaar een geintje, meer een belofte.'

Eind mei wordt Julius tweede in Parijs-Roubaix onder 23, net achter Stan Dewulf. Voorheen had zo'n nederlaag hem wel even uit het veld geslagen, nu ziet hij het als een bevestiging van zijn blakende vorm. 'Ik voel weer dat ik bij de besten zit en ik merk dat ik nooit afzie voor de finale. Zo veel als ik nu steeds over heb in de finale, dat heb ik vorig jaar niet een keer gehad.'

Voor Julius zijn in 2018 alle ingrediënten voor een perfect seizoen aanwezig. Om te beginnen: benen als nooit tevoren en een ijzersterke vriendenploeg met een ploegleider die erom bekendstaat tactisch sterk te zijn en die een voorstander is van aanvallend en initiatiefrijk koersen. Daar komt nog bij dat Julius en Cornelisse, maar ook Bol, wellicht door hun gemeenschappelijke Noord-Hollandse achtergrond, elkaar vinden in hun directheid, no-nonsensementaliteit en hun voorliefde voor nietsontziende humor. Wat ook bijdraagt aan Julius' high: hij heeft een vriendin op wie hij stapelgek is en die hij, zelfs als hij onderweg is met SEG, bij zich heeft. Froukje van Zinnen werkt vanaf de zomer van 2016 bij de ploeg als verzorger, vanaf het voorjaar 2017 vormen zij en Julius een stel. Pas eind juni maken ze dat wereldkundig, want de ploegleiding had duidelijk aangegeven dat relaties tussen renners en staf ongewenst waren. Het zorgde voor kolderieke situaties, zoals de keer dat Froukje Julius met een schouderklopje feliciteerde met zijn nationale titel op de tijdrit, om hem tien minuten later, ergens om de hoek, snel stiekem te omhelzen en een zoen te geven. Voor de zekerheid besteedt ze rondom wedstrijden, tot ongenoegen van Julius, nauwelijks aandacht aan hem, en des te meer aan de anderen.

De enige die van de verkering weet is Fabio Jakobsen – hij laat geen gelegenheid onbenut om in het gezelschap van de rest van de ploeg toespelingen te maken, expliciet genoeg om Froukje – die niet weet dat hij het weet – van kleur te laten verschieten en algemeen genoeg om geen argwaan te wekken bij de rest van de ploeg. Op de ochtend van het NK vertelt Julius het nieuws aan de rest van de ploeg – en gelukkig is er, in tegenstelling tot wat hij vreesde, niemand die er ook maar iets op tegen heeft.

Julius is inmiddels ook gewaardeerd lid van NHB (Noord-Hollands Beste), een trainingsgroep van hardfietsers, voornamelijk profs en ex-profs, onder wie Niki Terpstra, Laurens ten Dam, Ramon Sinkeldam en Cees Bol. NHB is een initiatief van Niki Terpstra. Terpstra: 'Heel simpel: als je met goede jongens traint word je zelf ook beter. En als iemand hard kan fietsen en dezelfde werkethiek heeft, dan is het fijn als hij erbij komt. Het is niet begonnen om de gezelligheid in ieder geval, maar gewoon uit eigenbelang, haha.'

Julius' eerste lidmaatschap in 2016 was van korte duur. Bij een van de eerste gelegenheden van een gezamenlijke training communiceert Terpstra de locatie en tijd voor de volgende dag: *10 uur bij de Forbo.*

Een paar uur later, na middernacht, volgt Julius' reactie: *Kan dat niet wat later, elf uur of halftwaalf of zo..?*

De volgende ochtend, als de leden van NHB hun telefoon erbij pakken, zien ze dat het nieuwste groepslid inmiddels geen groepslid meer is.

Niki Terpstra heeft Julius van den Berg verwijderd.

Maar dat was in 2016. Anno 2018 behoort Julius, net als Cees Bol, tot de vaste kern van NHB. Wanneer mogelijk trainen ze samen – vooral in het voorseizoen. Doorgaans maken ze langere ritten van een paar uur, meestal in stevig tempo. Het is hard trainen, onderweg vaak een koffiepauze en flink ouwehoeren. Terpstra: 'Iedereen heeft wel zijn eigen schema's, maar daar moet je volgens mij niet al te ingewikkeld over doen. Als je een duurtraining hebt staan en de ander moet een paar stevige blokken doen, dan ga je toch lekker in zijn wiel zitten? Meestal is het prima te combineren. Mijn stelregel is in elk geval dat mijn training nooit die van een ander negatief mag beïnvloeden.' Julius traint volgens hem altijd keihard en doet nooit moeilijk over een halfuurtje langer dan er in zijn schema staat. Laurens ten Dam: 'Ja, Julius draait trouw zijn inspanningen en zijn blokjes, die heeft echt wel een plan.'

Het speelse in Julius is er nog steeds. Omdat hij speels ís, maar ook omdat hij het soms nodig heeft om iets te doen wat haaks staat op het spartaanse leven dat een topsporter geacht wordt te leiden. Dus in de winter een keer een extra biertje, een keer wat langer blijven hangen op een feestje. Als eerstejaars belofte, toen hij zag dat trainer Peter Schep een duurtraining voor de ochtend had gepland op oudejaarsdag, liet hij zijn trainer weten dat hij niet kon trainen, omdat hij vuurwerk moest afsteken. Schep stelde toen een wat kortere training voor, zodat Julius 's middags zijn vuurwerk kon afsteken. Maar ook dat kon volgens zijn pupil niet: 'Ik moet 's middags ook vuurwerk afsteken.' Het compromis van Schep: 'Weet je wat, neem je vuurwerk mee en steek dat onderweg af.' Die ochtend wist Cees Bol niet wat hij zag toen hij zijn vriend zag aankomen: 'Hij had een rugzak, helemaal vol met vuurwerk, niet allemaal legaal, op zijn buik gebonden. En op zijn stuur had ie zo'n enorm aansteeklont. Moesten we om het uur stoppen, zodat hij zijn rotjes kon afsteken, haha.' Jaren later, als onder meer Julius, Bol, Terpstra en Ten Dam op oudejaarsdag een 'rondje Texel' (van thuis naar Den Helder, met de veerboot naar Texel en terug) doen, is het vuurwerk nog even belangrijk. Als ze de veerboot naar het eiland op een haar na missen, ziet Julius zijn kans schoon. 'Ik ben zo terug, even vuurwerk halen!'

In de aanloop naar Julius' hoofddoel van 2018, het NK onder 23 in Hoogerheide, wint hij de Midden-Brabant Poort Omloop door – weer – twee medevluchters kansloos te laten. En dus is het doel in Hoogerheide niets minder dan de dubbel: nationale titels op de tijdrit en de weg. Dat is reëel, op de tijdrit is hij de regerend kampioen, op de weg is hij dit seizoen niet te houden.

Bij de tijdrit werd Julius in 2017 als outsider Nederlands kampioen, nu wordt hij als favoriet twaalfde, op 1 minuut 15 van winnaar en ploeggenoot Hartthijs de Vries. Volgens Cees Bol is de manier waarop Julius met die teleurstelling omgaat kenmerkend voor hoe hij dat jaar zijn sport beleeft: 'Hij reed een zwaar teleurstellende tijdrit, maar hij zei gelijk al: maakt niet uit, komt goed, ik ben gewoon in vorm, zaterdag ben ik goed.'

Dat Julius niet alleen zijn ploeggenoot probeert gerust te stellen, maar vermoedelijk toch ook een beetje zichzelf, blijkt als hij die zaterdag voor het eerst sinds jaren met verhoogde hartslag plaatsneemt in het startvak. Eenmaal op weg verdwijnen die zenuwen, helemaal als hij al snel voelt dat de benen nog even goed zijn als de afgelopen weken. De SEG-mannen plaatsen al vroeg een paar aanvallen. De keren dat Julius dat doet zit er ogenblikkelijk iemand op zijn wiel – het is overduidelijk dat hij als favoriet wordt gezien, vandaag krijgt hij geen centimeter ruimte. Met ruim drie ronden te gaan rijdt er een viertal weg: Nils Sinschek, Dylan Bouwmans, Oscar van Wijk en Marten Kooistra. De volgende ronde, als Julius uit het peloton demarreert, blijkt dat er niemand nog goed genoeg is om op zijn wiel te springen – hij rijdt solo naar de kopgroep. Eenmaal daar merkt hij al snel dat de rest 'naar de klote' is. Met ruim een ronde te gaan zet hij voor een laatste keer aan. Niemand kan volgen. Op de meet heeft hij vierenveertig seconden voorsprong op de nummer twee, ploeggenoot Marten Kooistra.

Julius sluit zijn bijna perfecte seizoen af met de nationale titel voor renners onder de 23. De kampioenstrui, die hij exact een jaar na zijn vriend Fabio omgehangen krijgt, draagt hij die middag, op het podium, direct voor het laatst – een dag eerder tekende hij een profcontract bij Team EF Education First-Drapac powered by Cannondale. De World Tour-ploeg wil niet, zoals gangbaar is, wachten tot het einde van het seizoen – men lijft hem per direct in, vanaf morgen is Julius van den Berg profwielrenner.

Op WhatsApp:

Fabio: *Wat ben jij een baas zeg*
Man man man
Gefeliciteerd!
Vandaag kampioen
Morgen prof

Julius: *Thanks man*
Prof

Fabio: ♥

Later:

Fabio: *Niemand had dat gedacht*
Eerste jaar
Sittard
Weet je nog
Jij gelijk te laat
Strafpushups
4,5 keer
Bam
Klaar
Zelden zo gelachen

Julius: *Hahaha*
Jaman
Wat een ellende
😂😂😂😂😂
Tegenwoordig elke ochtend 30

From the bottom

Augustus 2018, Heerenveen

Op 13 augustus 2018 staat, pal voor het Abe Lenstra Stadion in Heerenveen, een bonte stoet profwielrenners. Het is kort voor de start van de eerste etappe van de BinckBank Tour, etappekoers van een week met finish in Geraardsbergen in België. Overal staan wielrenners ontspannen met elkaar te praten, niemand lijkt bezig met het aanstaande startschot. Twee van hen, beiden eenentwintig jaar, merken elkaar op en direct komen ze op elkaar af. Het duurt even, want manoeuvreren door een stilstaand peloton valt niet mee. Kort daarop staan ze tegenover elkaar. Er volgt een bovenhandse handdruk zoals alleen vrienden die elkaar geven, dan een korte omhelzing. Twee grijnzende koppen, een met donker, een met rood haar. Kijk ons nou man...

Fabio Jakobsen draagt het donkerblauw van Quick-Step Floors, Julius van den Berg het felroze met groen van Team EF Education First-Drapac. Fabio is bezig aan zijn eerste volledige seizoen als beroepswielrenner. Zijn entree, nu een halfjaar geleden, kun je niet anders dan spectaculair noemen. Halverwege maart wint hij de Vlaamse semiklassieker Nokere Koerse door in de laatste 150 meter, licht oplopend over de kasseien, de nummer twee (Amaury Capiot) op zo'n vijf fietslengtes te zetten. Drie weken later wint hij het 'officieuze WK voor sprinters', de Scheldeprijs, waarmee hij zijn naam toevoegt aan een indrukwekkend lijstje topsprinters, waaronder Mario Cipollini, Tom Boonen, Mark Cavendish en Marcel Kittel.

Julius staat in Heerenveen aan de start van zijn allereerste profkoers, en wel direct eentje in de hoogste categorie – die van de World Tour. Dat hij weinig geïntimideerd is blijkt als hij, nog in Heerenveen, samen met vijf anderen de aanval kiest. Dwars door de Friese weilanden gaat het richting het zuidwesten, langs Joure, Sloten, Oudemirdum, Stavoren en dan omhoog langs Hindeloopen en Workum richting finishplaats Bolsward. Na 160 kilometer worden de vluchters, inmiddels in de stromende regen, ingerekend. Tien kilometer verderop rijdt Jan-Willem van Schip weg, maar als hij met ruim drie kilometer te gaan wordt ingerekend, is het duidelijk dat er een massasprint gaat komen.

Met 800 meter voor de wielen is er rond de dertigste positie van het peloton een valpartij, maar de meeste sprinters blijven overeind, net als Fabio, die enkele seconden daarvoor door zijn lead-out Florian Sénéchal naar de linker buitenkant van het op hol geslagen peloton is geloodst. 600 meter voor de meet begint Sénéchal vol overgave aan zijn laatste inspanning. Fabio zit in zijn wiel, zijn bovenlichaam muisstil, karakteristiek zijn schouders iets opgetrokken en zijn hoofd wat extra naar voren gestoken – alsof hij zich wil verstoppen tussen zijn schouders. Met 350 meter te gaan kijkt hij heel even naar links om zich ervan te verzekeren dat hij niet ingesloten raakt. Dan, op 250 meter, zet hij aan en komt tevoorschijn van achter Sénéchal. Kristoffer Halvorsen kiest zijn wiel, Fabio wijkt iets uit naar links. Op rechts komt Caleb Ewan opzetten, Dylan Groenewegen zit te ver. Halvorsen komt door het midden iets naar voren, rechts van hem komt Marcel Kittel.

Maar Kittel is te laat. Fabio drukt als eerste zijn wiel over de lijn, vóór Marcel Kittel en Caleb Ewan. Als Fabio even later in beeld komt freewheelt hij tussen de fotografen en verzorgers en ander volk door, vuist in de lucht, handkus richting de camera. Op zijn gezicht die typische uitdrukking van de sporter die zich kort na een grote overwinning, nog vol adrenaline, heel even volstrekt onoverwinnelijk voelt. *King of the world.*

Als hij zijn fiets terugstuurt in de richting van de finish en ploeggenoot Zdeněk Štybar hem komt feliciteren, verraadt zijn blik ook iets anders: een soort blije verbijstering. Is dit echt gebeurd? Heb ik net, tijdens een World Tour-koers, in eigen land, de beste sprinters ter wereld verslagen?

Vier dagen later, tijdens een etappe van 204 kilometer tussen het Belgische Sint-Pieters-Leeuw en Lanaken, ontsnappen na zeven kilometer drie renners: Magnus Cort, Jonas Rickaert en Julius van den Berg. Kort daarop sluit de Fransman Alexis Gougeard aan. De hele dag wordt er uitstekend samengewerkt in de kopgroep, het is alsof Julius dit al jaren doet. Met zijn vlekkeloze hardrijdersstijl, die doet denken aan die van Francesco Moser – diepe zit, rug zo plat als een vliegdekschip – draait hij zijn beurten zonder een enkele keer te verzaken.

Het peloton lijkt zich te verrekenen – op 15 kilometer van de streep is de voorsprong van de kopgroep nog ruim twee minuten. Kort daarop wordt de achtervolging gestaakt en beginnen de koplopers zich op te maken voor de sprint, uitgezonderd Rickaert die op vijf kilometer lek rijdt. Niemand twijfelt eraan dat Magnus Cort, drie weken geleden winnaar van een rit in de Tour de France, de te kloppen man is. De Deen zelf ook niet, zo blijkt, want hij zet zich van ver op kop. Achter hem Julius, die iedere twee à drie seconden, als een baanrenner, heel kort naar links kijkt, beducht op een aanval van Gougeard. Dan, op 200 meter, is het Julius die aangaat. Vrijwel op hetzelfde moment volgt de reactie van Cort. De Deen op kop schokschoudert in een uiterste inspanning richting finish, in zijn wiel Julius, recht daarachter Gougeard. In de laatste 30 meter komt Julius opzetten.

De commentator van Eurosport: *'Magnus Cort Nielsen just holds on from the young Julius van den Berg…'*

Op de meet komt Julius een wiel te kort.

'That man on the left in the pink, he will have, I'm sure, plenty of wins in the future…'

Op 15 augustus, halverwege de BinckBank Tour, appt Fabio een foto naar Julius. Daarop twee wielrenners tijdens de koers, naast elkaar fietsend. De een, Fabio, in het rood van de puntentrui, de ander, zijn vriend Julius, in het roze van zijn nieuwe ploeg, Team EF Education First.

Daar rijden ze dan. De droom, wielrenner worden van beroep, is bereikt. Prof worden – het was de afgelopen jaren steeds onderwerp van gesprek, van grappen en toespelingen, het was het doel van iedere gereden trainingskilometer. Nu is het gelukt.

Op WhatsApp:

Fabio: *Started from the bottom*

Julius: *Gvd mooi*
Hebben we goed voor elkaar gekregen

Beide jongens plaatsen de foto op hun Instagrampagina. Onderschriften:

Fabio: *Started from the bottom*

Julius: *Wouldn't even think about in 3 years ago…*

Jakobsen-Viviani: 5-1

Kijk je naar Fabio's uitslagen in zijn eerste seizoen als prof, dan is het verleidelijk om te stellen dat hij moeiteloos de overstap van beloften naar de profs heeft gemaakt. Dat klopt niet. Bij het eerste trainingskamp met de ploeg, in december in het Spaanse Calp, gaat het soms zo hard dat hij bij terugkomst in het hotel blij is dat hij de douche haalt en daarna zijn bed. Tijdens zijn tweede koers, de Ronde van Oman in februari, schrikt hij zich op momenten kapot van het niveau, op een manier vergelijkbaar met drie jaar geleden bij de Ster van Zwolle. Als ik hem vijf dagen na Oman spreek, heeft hij net voor de eerste dag het gevoel dat zijn benen weer een beetje normaal voelen. 'Ze reden daar zo hard man… De hele dag een smerig tempo en dan aan het eind geven ze nog eens gas… Dan word je langzaam uitgeknepen. Mijn motor is nog niet van een grootte dat ik zoiets meteen goed verteer. En het was harstikke warm en het ging soms stevig bergop… Dit is wel een heel nieuw niveau…' In Oman doet Fabio nuttig werk voor de ploeg door een dag op kop te rijden voor de ploeg en in de finale haalt hij bidons. Meer wordt er niet van hem gevraagd, maar meer kan hij ook niet.

Het is geheel in lijn met wat de ploeg communiceert met Fabio én met de buitenwereld. Fabio mag winnen, maar het hoeft nog niet. Hij praat veel met ploegleider en voormalig topsprinter Tom Steels. Steels voegt Fabio al vroeg in het seizoen toe dat hij de overtuiging heeft dat hij snel, misschien wel heel snel, al een koers gaat winnen. Ongetwijfeld heeft dat ook te maken met de sprinttraining bij het eerste trainingskamp in december 2017 in Calp. Daar wordt getraind met twee lead-outs, voor beide topsprinters van de ploeg een: Elia Viviani en Fernando Gaviria. De opdracht die Fabio meekrijgt: blijf in het wiel van Viviani en op het moment dat die zijn sprint aangaat, probeer je of je er een keer naast kunt komen.

Een uur later, na drie leadouts met wind tegen en drie met wind mee, staat Viviani erbij met een gezicht als dat van een oorwurm. De stand: 5-1 voor Fabio Jakobsen. Bij de ene sprint die hij niet won ging hij te vroeg aan.

Viviani's humeur verbetert niet als Fabio, met de allerbeste bedoelingen, hem de suggestie doet om twee renners in zijn trein om te ruilen, want iedere keer dat Fabio Sabatini op kop kwam stokte het tempo. Het is een schop tegen het zere been, want Sabatini, ook Italiaan, is Viviani's boezemvriend bij de ploeg. Italianen zijn trots, Italiaanse sprinters zijn nog trotser. En dus heeft Viviani na de sportieve vernedering weinig ruimte voor kritiek op zijn vriend. Het maakt dat de verhouding tussen hem en Fabio Jakobsen vanaf het begin met weinig warmte gepaard gaat.

Niki Terpstra was erbij; 'Sprinters zijn haantjes. Als jij als er als wereldtopper wordt opgelegd door een net eenentwintigjarige snotneus die nog rijdt in het tricot van zijn amateurploeg, dan is dat voor je humeur niet heel goed.' Over het goedbedoelde advies over Sabatini: 'Ja, haha, dat soort dingen herken ik. Ik was jaren de enige Nederlander in de ploeg en heb ook regelmatig gemerkt dat de Nederlandse manier van communiceren directer is dan die van de meeste Vlamingen.' Wel nuanceert hij de door Fabio gewonnen sprintjes: 'Een paar sprintjes winnen op training en een massasprint winnen aan het einde van een zware koers, daar zit nog heel wat tussen. Dan wordt er veel meer van je gevraagd.' Ploeggenoot Tim Declercq over het trainen van sprints: 'De meeste sprinters sprinten niet graag tegen elkaar op training. Want vertrouwen is alles en als je er steeds op wordt gelegd ga je direct twijfelen. Terwijl sprinten op training iets heel anders is dan in de wedstrijd. Je kunt dus zelfvertrouwen verliezen terwijl dat misschien onnodig is. De meeste sprinters proberen het te vermijden. Het zijn mannetjes, hè.'

Tellen doet het, al was het alleen maar om het respect dat het oplevert van de andere renners van de ploeg. Yves Lampaert, die meereed in de leadout van Gaviria, weet genoeg als hij Viviani's gezicht ziet. Hij keert om, zoekt Fabio op, dan, breed lachend: 'Ge hebt 'em gepakt hè!' Bij het diner is iedereen al op de hoogte.

Om straks ook een sprint te kunnen winnen aan het einde van een zware wedstrijd moet Fabio's motor opnieuw vergroot. Hij schrikt er niet van, heeft bij de overgang naar iedere nieuwe categorie met dat bijltje gehakt, hij heeft geduld. Al moet dat geduld niet worden verward met een afwachtende houding. Terpstra zei het al, sprinters zijn haantjes en als iemand een sprinter is, dan is het Fabio Jakobsen. Zijn geldingsdrang is even sterk als die van zijn concurrenten, maar tegelijkertijd is zijn realiteitszin misschien wel groter. In de wereld van Fabio Jakobsen gebeurt niets zomaar, is alles het resultaat van luisteren naar wie er verstand van heeft, om je heen kijken, informatie scannen, opslurpen wat nuttig is en de rest vergeten. En vervolgens hard maar vooral slim trainen en veel rusten. Was hij op zijn achttiende al erg volwassen voor zijn leeftijd, dat geldt in zijn eerste profjaar nog steeds.

Al komt er, vooral tijdens het eerste trainingskamp in Calp, wel degelijk ook een jonge jongen van eenentwintig tevoorschijn die heus onder de indruk is van de wereld waarin hij is beland. Terpstra: 'Ik weet nog hoe trots hij daar rondliep, je zag dat hij superblij was dat hij bij de ploeg zat. Niet nederig of zo, maar gewoon respectvol, naar iedereen.' Fabio stelt vragen aan wie hij kan, weet dat iedereen in zijn nieuwe omgeving meer weet dan hij en snapt inmiddels: geen betere manier om aan je kennis te komen dan door vragen te stellen. En dus luistert hij urenlang naar ploegleiders, ploeggenoten, trainers en diëtisten. En naar oud-renners. Als hij Johan Museeuw, te gast in Calp, ziet zitten, benadert hij hem, een beetje beschroomd, om hem al snel een paar vragen te stellen. Over het soort koersen waar hij zich op zou moeten richten bijvoorbeeld, sprintkoersen of klassiekers. Museeuws antwoord heeft dezelfde strekking als dat van Niki Terpstra op dezelfde vraag, een paar dagen eerder: 'Ga nou maar mooi sprinten, dat is uw kwaliteit. Dan wint u koersen, die klassiekers komen later wel. En anders maar niet...'

Op een avond vindt Fabio zichzelf terug in een restaurant en zit hij tussen Philippe Gilbert en Julian Alaphilippe in. Heel even krijgt hij de neiging zichzelf te knijpen om te kijken of dit echt is. Maar ook dat duurt niet al te lang: 'Eigenlijk merk je al heel snel dat het niks anders is dan wanneer ik bijvoorbeeld bij SEG naast Julius zat. Dan ging het nergens over en met Gilbert gaat het ook nergens over. Het zijn gewoon kerels zoals jij en ik, maar dan op een soort schoolreisje.'

Spartelen

Julius' entree in het profpeloton halverwege het seizoen 2018 is met de bijna-winst in de BinckBank Tour eigenlijk al geslaagd: direct kent de wielerwereld hem, meteen gaat hij over de tong: daar heb je er weer eentje. De rest van het seizoen, dat al op zijn eind loopt, laat hij niet veel opvallends meer zien. Maar dat hoeft ook niet, niemand verwacht veel van een renner die net is overgekomen. Goedbeschouwd ben je als neoprof aanvankelijk nog gewoon een belofte.

Het mooie resultaat verbloemt dat hij moeite heeft om zijn draai te vinden binnen het internationale gezelschap van zijn nieuwe ploeg. Dat lijkt vooral te maken te hebben met communicatie. EF is een grote Amerikaanse ploeg die acteert op het hoogste niveau (World Tour), met Engels als voertaal en met uitzonderlijk veel nationaliteiten onder contract. Dat geldt voor de renners, maar ook voor de 'omkadering'. Bij SEG werd bij de teambesprekingen ook Engels gesproken, maar door de Nederlandse renners onderling uiteraard Nederlands. En dus is Julius' Engels nog niet van een niveau dat hij zich kan uitdrukken zoals hij wil.

Het blijkt een onhandige combinatie met zijn Noord-Hollandse directheid. Meteen zeggen wat je denkt, anderen op de hak nemen, stevige grappen – doe je dat in een taal die je nog onvoldoende beheerst, dat leidt al snel tot gefronste wenkbrauwen. Ook bij ploeggenoot Sep Vanmarcke. 'Ja, Julius is een spraakwaterval, Noord-Hollands, hè, een grote bek. Voor ons Vlamingen is een Nederlander heel direct, helemaal als ze van rond Amsterdam komen, zoals hij. Ik kende het al van Lars Boom, met wie ik in de ploeg heb gezeten. Maar met Julius kon ik het wel direct vinden, kon het gemakkelijk accepteren, omdat ik weet dat hij een goede jongen is. Maar sommige anderen schrokken er denk ik een beetje van.' Sebastian Langeveld, Julius' enige Nederlandse ploeggenoot bij EF in 2018: 'Ik ben vijftien jaar prof. Ik heb er zo veel zien komen dat ik heb geleerd niet meteen te oordelen en te zeggen: dit is goed of fout. Julius heeft een mening, dat wel ja. Misschien is het ook een beetje Noord-Hollands. Weet je, je komt in een Amerikaanse ploeg, spreekt wel Engels, maar niet dusdanig dat je je heel goed kunt uitdrukken, dan kan dat hele directe heel anders overkomen dan je wilt. Hoe hij hier binnenkwam? In elk geval niet als een bescheiden neoprof, haha.'

Julius merkt zelf ook dat het hem niet lukt om te communiceren op een manier die goed valt, maar hij weet niet goed wat hij eraan moet doen: 'Een grap maken in een taal die je niet helemaal goed beheerst kan soms helemaal verkeerd overkomen. Ik heb zelfs wel eens het gevoel dat iemand het tegenovergestelde oppikt van wat ik bedoel. Dan kan het dus lijken alsof ik heel arrogant ben of zo...'

Vanmarcke ziet bij de neoprofs van nu sowieso een volstrekt andere houding dan in 2009, toen hij zelf overkwam: 'Ik zei in het begin eigenlijk niks, zat alleen maar te luisteren, probeerde veel op te steken. Nu heb je bij de jeugd het idee dat ze niet willen leren en dat ze denken dat ze alles al weten. Dat was ook bij Julius wel een beetje zo. Maar ik vond zijn enthousiasme ook wel mooi om te zien, die eerste maanden. Hij wilde elke dag demarreren, hij wou rammen, riep hij dan. Hij zei een keer, in China volgens mij: ik snap gewoon niet dat jullie de hele dag maar zitten te niksen in dat peloton, daar is toch geen reet aan?'

Ploegleider en Julius' persoonlijke coach Matti Breschel: 'Mijn eerste indruk van Julius was eerlijk gezegd dat hij een beetje *cocky* was. Alsof hij alles beter wist. Je komt over als succesvolle belofterenner, hebt veel moraal en dan wil je de wereld laten zien hoe goed je bent. Ik laat dat dan maar, het is ook een beetje de energie van de jeugd. Ik denk dat hij inmiddels voelt dat hij zich hier niet hoeft te bewijzen, zoals beloften dat onder elkaar wel doen. Ik zeg dan: dit is de World Tour, relax, je zit erbij, je bent een van ons, bewaar je geldingsdrang maar voor als je een rugnummer op hebt.' Hij vervolgt: 'Iedereen gedraagt zich anders in een nieuwe groep, de een wordt stil, de ander laat zich horen. Julius deed dat laatste, maar niet altijd op de handigste manier. Hij is een ontzettend lieve jongen, maar om dat te zien moet je hem wel kennen. Misschien overschreeuwde hij zich een beetje.'

Bij de BinckBanck Tour, tijdens de etappe waarin Julius tweede zal worden, is er een miscommunicatie met, zoals pas later blijkt, grote gevolgen. Head Sports Director Charles (Charly) Wegelius treedt die dag op als ploegleider. Nadat Julius de aanval heeft gekozen, geeft Wegelius hem op zeker moment via het communicatiesysteem de instructie om te versnellen. Julius antwoordt door te zeggen dat hij zich het liefst laat leiden door zijn medevluchters, Magnus Cort en Jonas Rickaert. Dat zijn gelouterde profs, zij hebben vast een goed plan om de ontsnapping te doen slagen. Maar kort daarop komt Wegelius, ziedend, naast het groepje rijden en geeft Julius de volle laag. Hoe hij het in zijn hoofd haalt te zeggen wat hij zojuist zei. Julius begrijpt niet goed wat hem wordt verweten en reageert alleen met een verontschuldigend gebaar. Het misverstand, wellicht veroorzaakt door een gebrekkige verbinding: Wegelius is in de veronderstelling dat Julius zojuist zei dat hij zelf ervaren genoeg is om te bepalen wat hij moet doen.

Wat de oorzaak van de miscommunicatie nou ook precies was, zeker is dat het zorgt voor een sterk verstoorde start van de verstandhouding tussen baas en renner. Het zal ruim twee jaar duren voor de twee er, min of meer per toeval, achter komen dat er sprake was van een groot misverstand. Tot dan zal Julius met regelmaat merken dat zijn baas hem niet bijster hoog heeft zitten.

2019 is Julius' eerste complete seizoen als prof. Na afloop ervan kun je maar één conclusie trekken: het was een zeer teleurstellend seizoen, waarin Julius' rijden geen moment de glans heeft van het jaar ervoor. In het voorjaar, de periode met de klassiekers waarvoor hij in feite is aangetrokken, komt hij nooit in de buurt van zijn niveau van 2018. Hij wordt ingezet als knecht en de taak van een knecht is zijn kopman bijstaan tot zo ver mogelijk in de koers. Maar meestal als de tv-uitzending begint is Julius al gelost of afgestapt. Hij zal dit jaar acht DNF's achter zijn naam krijgen, onder meer bij Gent-Wevelgem, Parijs-Roubaix en het NK op de weg.

Julius zelf denkt iets te hebben opgelopen tijdens de UAE Tour. Daar was hij niet fit en vanaf dat moment had hij geen moment meer het gevoel over goede benen te beschikken. Onderzoeken volgen, maar een medische verklaring wordt niet gevonden. Bloedtesten geven geen uitsluitsel, het enige wat ze uitwijzen is dat enkele waarden iets lager zijn dan vorig jaar. Dat is een constatering, maar meer ook niet, het biedt geen aanknopingspunten bij het vinden van een virus of een andere onderliggende oorzaak. Julius: 'Dit niveau is zo hoog. Als je één procent mist, dan kom je er al niet meer aan te pas. Er moet iets zijn…' Bij Julius' laatste koers van het jaar, de Ronde van Guangxi, zijn de benen eindelijk iets beter. In de eerste etappe gaat hij met Victor Campenaerts in de aanval. Dat mislukt, maar het was tijden geleden dat hij überhaupt dacht aan aanvallen. EF kan met een etappewinst (Daniel McClay) en een tweede plek in het eindklassement (Martínez) met tevredenheid terugkijken op de Chinese campagne.

Die tevredenheid heeft ook betrekking op Julius en dat is voor het eerst dit jaar. Meerdere keren moest hij, na weer een teleurstellend optreden, na weer een slechts half volbrachte opdracht, horen – of voelen – dat hij niet voldeed aan de verwachtingen. Tot aan het moment dat zijn wervelende entree in de zomer van vorig jaar meer als een vloek dan als een zegen begint te voelen – als iets wat het begin leek van heel veel meer, maar achteraf wel eens het hoogtepunt zou kunnen blijken.

EF kent een vrij losse filosofie, waarbij veel aan de renners zelf wordt overgelaten. Op alle denkbare vlakken is uitstekende expertise in huis, maar het is grotendeels aan de renner zelf om die aan te spreken. Er zijn weinig vaste momenten waarop met de renner wordt gekeken naar bijvoorbeeld de vorderingen, mogelijke problemen en verbeterpunten. Je zou de werkwijze van EF kunnen zien als een tegenhanger van ploegen als Team Sky en Team Jumbo-Visma, die een benadering aanhangen van meten en controleren. De filosofie van EF zou potentieel heel goed bij de intuïtieve Julius kunnen passen – hij is een renner die fietst omdat hij het leuk vindt, omdat hij van hard fietsen en van het spel houdt. Niet het type dat graag vooraf zorgvuldig uitgewerkte plannen maakt om die vervolgens minutieus te gaan uitvoeren. Met goede benen en uitstekende resultaten was hij nu vermoedelijk als een vis in het water geweest, maar momenteel lijkt bijna het tegenovergestelde het geval. Hij zwemt wel, maar het is spartelen, terwijl de rand van het zwembad buiten bereik lijkt en tegelijkertijd vrienden en leeftijdsgenoten Fabio Jakobsen en Cees Bol achteloos gemakkelijk hun baantjes lijken te trekken – ondertussen de ene na de andere zege aan elkaar rijgend.

Wie voorheen een winnaar was, maar het nu even niet meer is, verliest meer dan alleen podiumplekken. Hij verliest ook het vertrouwen dat hij de beste kan zijn, het gevoel een van de beste renners te zijn van het peloton. Het gevoel dat Julius had bij de beloften in 2018. Dat gevoel werkt als doping. Nog een effect van lang niet winnen: je krijgt het idee te zijn gedaald in de pikorde. En dat klopt ook: het wielrennen is een extreem masculiene wereld waarin je aanzien gelijke tred houdt met je laatste resultaten. Een overwinning van een jaar geleden heeft nauwelijks nog waarde. Hoe langer je laatste overwinning geleden is, hoe meer hij je kan gaan belemmeren, terwijl je je continu afvraagt: waarom lukt het me niet meer...?

Ik merk het aan Julius. Als ik hem gedurende zijn slechte periode in 2019 eens vraag naar de details van een in 2018 gewonnen koers, reageert hij direct met een cynische grap: 'Ja, toen won ik nog wel eens wat...' Matti Breschel: 'Na een slecht seizoen verlies je dat wat het allerbelangrijkste is voor een renner: het gevoel dat je een winnaar bent. En dat gevoel hebben alle neoprofs, want ze wonnen allemaal veel bij de beloften.' Breschel vermoedt dat er een verband is tussen Julius' klinkende entree en het magere seizoen dat er direct op volgde: 'Ik kan niet beoordelen hoe het bij Julius heeft gewerkt, maar het doet me denken aan hoe het bij mijzelf ging. Ik werd ook tweede bij mijn eerste profkoers en vervolgens dacht ik: dat was een makkie, ik word de beste van de wereld, laat maar komen. Ik weet zeker dat dat me minimaal een jaar achteruit heeft geworpen. Als je in de situatie komt waarin Julius nu zit, kan je nog zo hard trainen en mooie waardes trappen, er is maar één manier om er doorheen te komen. *One good result and you are on it again.* En dat gaat gebeuren, daar ben ik van overtuigd. Want ik denk steeds: *where the fuck did that BinckBank go?* Julius heeft de motor, het talent. Een ruwe diamant, het moet er weer een keer uitkomen…'

Julius zegt dat de signalen vanuit de ploegleiding, verbaal en non-verbaal, hem niet uit zijn slaap houden en dat alles weer oké zal zijn als hij weer op niveau is: 'Ik weet zelf ook wel dat het niet goed gaat, ik heb mijn ploeg niet nodig om te weten dat het niet oké is om in een seizoen iets van tien DNF's te hebben…'

Ik vind het moeilijk om te bepalen of dit het hele verhaal is of dat het de mores is van de wielerprof die – zoals gebruikelijk in zijn omgeving – geneigd is zijn twijfels voor zich te houden en waar mogelijk mooi weer te spelen. Doorvragen levert weinig op. De antwoorden worden dan korter en ik voel dat Julius weinig ruimte laat om erop door te gaan, dat hij liever over iets luchtigers praat.

Het teleurstellende presteren vormt een weinig gelukkige combinatie met Julius' schijnbare gebrek aan beroepsernst. In november 2019: 'Mijn houding is nog steeds niet super. Dat ik te laat kom, of dit of dat… Dat helpt natuurlijk niet mee als je niet goed presteert. Kijk, als je tien koersen op een jaar wint, dan mag je te laat komen, en soms wat minder goed trainen of zo, maar als je niet presteert, dan gaan ze wel letten op die kleinere dingen natuurlijk. Dus als ik een keertje te laat kom, dan valt dat extra op…' Of als ik een keertje een training oversla. Dan staan er bij mij meer vraagtekens achter dan wanneer je gewoon goed presteert…' Op de vraag of hij wel eens overweegt om zich dan maar wat nadrukkelijker van zijn beste kant laten zien: 'Aan de ene kant wel, ik denk daar wel eens over na, maar dan denk ik ook: als het daarvan af moet hangen of ik bij de ploeg mag blijven of niet… Het gaat volgens mij vooral om de prestaties. Als ik volgend jaar de stenen uit de straat fiets, dan heb ik het jaar erna echt wel weer een contract. Maar tuurlijk, professioneel gedrag is natuurlijk op tijd komen, tuurlijk. Ik kom ook echt niet constant te laat, bijna nooit eigenlijk.' Op Matti Breschels suggestie dat hij na zijn sterke entree het niveau van de World Tour is gaan onderschatten, reageert hij met een resoluutheid die nieuw is. 'Nee. Dat is gewoon niet zo. Ik weet zeker dat ik in de UAE Tour iets heb opgelopen. Vanaf toen was ik slecht. Was dat niet gebeurd, dan had mijn seizoen er heel anders uitgezien.' Op de vraag of zijn bloedwaarden inmiddels weer in orde zijn: 'Ja nee, weet ik eigenlijk niet. Die test is nog niet binnen. Of nee, wacht, ja die is er natuurlijk al wel. Ik heb nog niet gekeken...'

Zijn managers en trainer Schep – de laatste heeft ook de overstap gemaakt van SEG naar EF – wijzen Julius regelmatig op het gevaar van het imago van de renner die er niet op alle vlakken alles uit haalt en tegelijkertijd niet naar behoren presteert. Wat uitkomst zou kunnen bieden is een wat geraffineerdere persoonlijke pr – alleen gedrag vertonen dat van je wordt verwacht en waarmee je laat zien dat je er alles aan doet om de belofte van je talent in te lossen.

Maar daarvoor is Julius ongeschikt. Hij is, net als vader René, non-opportunistisch en non-conformistisch en kan het heel moeilijk opbrengen om iets te doen dat imagotechnisch misschien goed uitkomt, maar dat niet strookt met hoe hij zich voelt: 'Misschien is het een slechte eigenschap van me, maar ik focus me meer op mezelf dan op hoe ik overkom. Ik wil voor mezelf nu die extra stap zetten. Dus als ze bijvoorbeeld zien dat ik nu wel die twee kilo lichter ben dan vorig jaar, dan is dat mooi, maar ik doe het niet voor hen, ik doe het echt voor mezelf.'

Bijeffect van Julius non-conformisme is dat men zich binnen de ploeg afvraagt of hij wel inziet dat er iets moet veranderen, wil hij aan het einde van 2020 in aanmerking komen voor een nieuw contract. Opgeven doen ze hem niet. Matti Breschel: 'We gaan nog mooie dingen zien van Julius.' Sep Vanmarcke: 'Julius heeft nu alleen een goede start nodig van het volgende seizoen. Als hij de eerste koersen goed voor de dag komt, dan is hij vertrokken.' Sebastian Langeveld: 'Ik zie Julius als een renner die meer in zijn mars heeft dan zomaar een goede knecht te zijn. Er zit een goede motor in, hij kan afzien... Maar hij is wel een renner die een aantal jaren nodig heeft om in de klassiekers zijn potentieel te benutten. Ik hoop dat ik het mis heb, maar ik denk niet dat hij een renner is die zomaar de wereld gaat verbazen. Hij moet nu, zeker na vorig jaar, niet aan winnen denken en laten zien dat hij een plek waard is in *Het Nieuwsblad*, E3 Prijs, noem maar op… Doet hij dat, dan krijgt hij na april ook zelf kansen, zo werkt het in deze ploeg.' Vanmarcke: 'Hij kan goed wringen, kan echt hard fietsen, dus ja, sowieso. Ja, het is een sterke renner, hè…'

Julius relativeert: 'Wat is nou het ergste wat er kan gebeuren? Dat ik volgend jaar geen prof meer ben? Nou ja, als dat het ergste is… Ik wil dit echt supergraag hoor, ik vind het supergaaf om wielrenner te zijn, maar er is wel meer. Ik richt me gewoon op mezelf, want als ik straks hard fiets is er niks aan de hand.' Hij heeft een plan, zegt dat hij dingen anders gaat doen. 'Ik wil nu een keer gewoon mijn gewicht goed hebben. De ploeg wil dat er nog twee, drie kilo af gaat en dat wil ik voor elkaar krijgen. Dit voorjaar moet dat klaar zijn. En ik ga anders trainen, meer op een manier die bij mij past. Ik weet van mezelf waar ik me goed bij voel. Ik hou ervan om minimaal één keer per week echt een lange training te doen van vijf, zes uur. In het wielrennen van nu gebeurt dat bijna niet meer. Dat is meer interval, misschien een keer vier, vijf uur en een enkele keer wat langer. Ik wil dat vaker doen, daar word ik beter van. Ik ben iemand die het moet hebben van zijn motor. Het is de bedoeling dat ik straks in de toekomst, na 250 kilometer in de koers nét iets beter ben dan de rest. Dat is dus niet na 100 kilometer. Die inhoud, daar zit mijn kracht en dat moet ik laten groeien. Als ik te weinig lange ritten doe zakt dat weg.'

Trainer Schep hoort het met genoegen aan: 'Ik zie dat graag. Dat je renner zelf nadenkt over wat er voor hem werkt en dat hij daarmee een plan maakt.' Julius maakt de vergelijking met de trainingen die hij deed toen hij nog uitkwam voor SEG bij de beloften: 'Lange ritten. En we reden ook harder. Nu is het vooral: rustig fietsen tot je je blokken gaat doen, ben je klaar, dan fiets je weer rustig terug. Toen reed je hard naar de blokken, deed de blokken hard en je reed weer hard terug. Gewoon lekker hard fietsen. Dat vind ik leuker en ik denk dat ik er sterker van word. Bij de beloften was het ook een beetje van: laten zien hoe groot je piemel is, elkaar eraf proberen te rijden. Dat heb je bij de profs veel minder en ik mis dat.'

Dan, vlak voor het einde van het gesprek: 'Hé, een heel ander nieuwtje, hè. Froukje is zwanger! Ja, onverwacht, maar we zijn er allebei superblij mee... Uitgerekend in mei, dus na de klassiekers!'

'Hij is pas 22 man, fantastisch!'

Op 24 augustus 2019 start Fabio Jakobsen in zijn eerste grote ronde: de Vuelta a España. Het doel: minimaal één etappe winnen. Dat is realistisch, want tot nog toe verliep het seizoen uitstekend. In februari, bij zijn allereerste koers, de Ronde van de Algarve, was er in de eerste etappe direct winst en in april won hij, net als het jaar ervoor, de Scheldeprijs. Later volgden overwinningen in de ronden van Turkije en Californië.

Eind juni werd Fabio in Ede Nederlands kampioen door met groot machtsvertoon de later gediskwalificeerde Danny van Poppel en Moreno Hofland te verslaan in de sprint. Bij gebrek aan ploegmaats – hij was de enige renner van Deceuninck–Quick-Step aan de start – vroeg hij Laurens ten Dam (Sunweb) om mee te rijden op kop van het peloton in een poging het gat met de koplopers te dichten. Al dan niet gestimuleerd door een in het vooruitzicht gestelde geldelijke beloning – daarover worden traditiegetrouw geen uitspraken gedaan – deed Ten Dam zijn plicht, nota bene samen met Julius van den Berg, de laatste in dienst van ploegmaat Moreno Hofland. Samen met enkele andere knechten slaagden ze in hun opzet. Bij de sprint die volgde stond er geen maat op Fabio.

En dus rijdt hij de Vuelta in rood-wit-blauw. Het is zaak om de beoogde etappeoverwinning zo snel mogelijk te behalen, want Fabio's motor mag dan aanzienlijk zijn gegroeid, bij zijn team Deceuninck–Quick-Step maken ze zich ook geen illusies. Het parcours kent dit jaar extreem zware bergetappes en de combinatie met de Spaanse hitte maakt dat men ervan uitgaat dat Fabio voortijdig de koers zal verlaten. Niet voor niets is hij de enige renner voor wie geen retourticket is geboekt vanuit Madrid op de dag na de laatste etappe.

Dat Fabio's motor is vergroot bleek al tijdens de Ronde van Californië. Ploegleider en persoonlijk coach van Fabio, Wilfried Peeters: 'Vorig jaar hebben we hem, om zijn inhoud te vergroten, in de Dauphiné gestoken. Eigenlijk had hij daar niets te zoeken, want dat zijn allemaal van die lichte klimmerkes. De laatste etappe kwam hij buiten tijd binnen. Geen probleem, want hij reed die koers om beter te worden. Dit jaar hebben we hetzelfde gedaan in Californië, ook een hele lastige koers. Daar heeft hij me verrast. Van tevoren weet je: als hij bij de eerste vijf gelosten zit, dan wordt het een lastig verhaal dit jaar. Dat was niet het geval. Hij zat in de voorlaatste groep. Toen heb ik ook gezegd: laten we hem meenemen naar de Vuelta.'

Er zit nogal een tegenstrijdigheid in het gegeven dat de grootste glorie voor sprinters te behalen valt in de grote ronden: Giro d'Italia, Tour de France, Vuelta a España; nota bene de zwaarste duursportevenementen ter wereld. Een plek dus waarvan je je kunt afvragen wat een pure sprinter er te zoeken heeft.

Een goede sprinter in het wielrennen is dan ook iets volstrekt anders dan een goede sprinter in bijvoorbeeld atletiek, zwemmen of schaatsen, sporten waarbij het alléén om sprinten gaat. Een topsprinter in het wielrennen is in eerste instantie een duursporter. Eentje die zo veel inhoud heeft dat hij aan het einde van een loodzware koersdag nog steeds voldoende reserve heeft om datgene te doen wat alleen een echte sprinter kan – in heel korte tijd heel veel energie vrijmaken. Dus zijn we weer terug bij het belang van de grote motor bij een sprinter – zonder komt hij niet aan sprinten toe. Niki Terpstra zei het al over Fabio, nadat die bij zijn allereerste trainingskamp als prof Viviani meermaals klopte: 'Een paar sprintjes winnen op training en een massasprint winnen aan het einde van een zware koers, daar zit nog heel wat tussen. Dan wordt er veel meer van je gevraagd.'

De eerste kans op een etappeoverwinning in Spanje loopt uit op een teleurstelling. In de door Sam Bennett gewonnen etappe raakt Fabio ingesloten en kan niet meesprinten, hij wordt zevende. Maar een dag later is het raak; Maximiliano Richeze piloteert Fabio op sublieme wijze tot 150 meter van de meet. Richeze houdt de benen stil, Fabio komt met volle overgave tevoorschijn, Sam Bennett zit in zijn wiel. De Ier komt op het allerlaatste moment langszij, maar is net te laat. Met het kleinst mogelijke verschil wint Fabio zijn eerste etappe in een grote ronde.

Achter de lijn, als na het bekijken van de fotofinish zeker is dat de winst binnen is, zie je bij Fabio wanneer hij zijn ploegmaats bedankt nog niet eens uitgelaten vreugde – eerder intense tevredenheid en misschien een beetje opluchting. Als hij enkele minuten later geflankeerd door verzorgers op weg is naar het podium, hoort hij in het publiek zijn vader roepen. Hij buigt direct af, stapt van zijn fiets, omhelst zijn vader en geeft hem een kus. Thijs Jakobsen, als de Eurosport-verslaggever hem later een microfoon voorhoudt: 'O o o o… Er valt een last van hem af nu, denk ik. Hij is maar tweeentwintig, maar er staat zó veel druk op…' Op de achtergrond verdwijnt zijn zoon, het rood-wit-blauw van de Nederlands kampioen om de schouders, in een massa van verzorgers, journalisten en opdringerige volgers.

Enkele dagen later, tijdens de eerste rustdag, bel ik Fabio. Het besef dat hij een etappe heeft gewonnen in de Vuelta is er nog niet helemaal: 'Het is zo zwaar, ik ben gesloopt. Het is natuurlijk supermooi, je viert het even samen aan tafel in het hotel, maar dan gaat het al heel snel weer over de dag van morgen. We zitten natuurlijk ook wel in een ploeg waarbij winnen, ik wil niet zeggen, de norm is, maar wel bijna. Ik zal niet zeggen dat ze kwaad zijn als we niet winnen, maar winnen is ook wel een opluchting. Het is beide: blijdschap en opluchting. Want ik weet ook wel: als deze ploeg je meeneemt als enige sprinter en je wint niet, dan is het natuurlijk niet goed gegaan. Ik ervaar die druk niet als verstikkend, maar er wordt echt wel verwacht dat er gewonnen wordt. Maar dat hoort ook bij de sport, weet je, uiteindelijk ben ik daarom ook gaan fietsen. Ik ben niet gaan fietsen omdat ik van verliezen hou en omdat ik niet tegen de druk kan. Ik kan er prima mee omgaan, maar natuurlijk: het is altijd aanwezig. Als mijn vader dan voor Eurosport zegt dat er zo'n druk op staat… ik ervaar dat stukken minder. Want die druk leg ik mezelf al jaren op. Ik stond vroeger al op het sportveld te janken als ik had verloren, dus winnen wilde ik altijd al. In de winter zal de emotie misschien wel komen, nu ben ik vooral moe.'

Op de vraag of hij vooraf wel eens had nagedacht over hoe het zou zijn om je eerste etappe te winnen in een grote ronde, is hij even stil: 'Nee, nooit echt bij stilgestaan... nee, het is meer... ik vind dit heel leuk om te doen en ik hou van winnen en dit is voor mij een volgende stap. Daarvoor doe je het, om beter te worden. Dus het eerste waar je aan denkt is de volgende stap. Dat is ook wel een beetje zonde aan topsport natuurlijk. En ik weet heus wel dat er een keer een moment komt dat het niet meer beter wordt, maar voor nu denk ik dat het nog steeds beter kan.'

Twee weken later, op zondag 15 september 2019, iets voor acht uur 's avonds, dendert het overgebleven deel van het peloton van de Vuelta a España 2019 door de straten van Madrid. Het klassement is een dag eerder – na weer een loodzware bergrit, weer gewonnen door Tadej Pogačar – in een definitieve plooi gevallen. Primož Roglič wint zijn eerste grote ronde, op gepaste afstand gevolgd door Alejando Valverde en Tadej Pogačar.

De eerste die onder de boog voor de laatste kilometer doorrijdt is Zdeněk Štybar (Deceuninck–Quick-Step), gevolgd door ploeggenoot Maximiliano Richeze. Daarachter, in rood-wit-blauw, rijdt Fabio Jakobsen, het hoofd kenmerkend wat naar beneden gestoken, de schouders iets opgetrokken, de knieën heel licht naar buiten.

Fabio is niet afgestapt. Hij kende een paar heel zware dagen, vooral bij de etappe in Andorra, maar met hulp van ploegmaats kwam hij steeds op tijd binnen. Bij bergetappes in de derde week kwam het zelfs voor dat hij, tegen alle verwachtingen in, tot aan de voet van de laatste klim nog in het peloton zat. Op aanraden van ploegleider Peeters hield hij zich op die dagen in. Peeters: 'Fabio heeft bij het klimmen zijn gewicht tegen. Heb je dan een goede dag en probeer je zo lang mogelijk bij te blijven, dan ben je morgen de eerste die gelost wordt. Fabio pikt dat dan op en hij laat het ook weten. Hij kwam bij me, zei: wat je vorige week zei, dat heb ik nu gedaan.'

Gisteren, bij de voorlaatste etappe, gewonnen door Tadej Pogačar, eindigde Fabio de etappe nota bene als eerste van de grootste groep, naar eigen zeggen zelfs met wat overschot. Hij had consequent goed gegeten en gedronken en had – er was koud weer voorspeld – ervoor gezorgd dat hij voldoende warme kleding droeg. Voordat hij moegestreden de ploegbus instapte dacht hij heel even na over hoe hij zijn ploeggenoten zou begroeten. De beslissing was snel genomen. Toen hij de binnenstapte, klapte hij zijn handen op elkaar, maakte een gebaar van handenwringen en zei: '*Okay guys, tomorrow we're not gonna brake!*'

Alles met het oog op de dag van vandaag: een criteriumachtige etappe van 120 kilometer, bijna zeker eindigend in een sprint. En laat criteriums nou het type koers zijn dat Fabio al vanaf de jongste categorieën het beste ligt.

Op een kilometer van de meet heeft Sam Bennett, inmiddels met twee ritzeges op zak, vermoedelijk het beste wiel – dat van Fabio Jakobsen. Op zo'n 700 meter van de finish komt links van Fabio's ploeggenoot Zdeněk Štybar Alex Kirsch (Trek-Segafredo) opzetten, met in zijn wiel ploeggenoot John Degenkolb. Degenkolb zet zo'n 500 meter van de meet, karakteristiek knikkend met zijn hoofd, aan in een ultieme poging om Edward Theuns te lanceren. Op 300 meter van de finish stuurt hij nogal abrupt naar rechts, waardoor Theuns vrij baan krijgt, net als Richeze, die inmiddels Štybar heeft afgelost in de trein van Deceuninck–Quick-Step. Richeze maakt contact met Theuns – op het randje van reglementair – en gaat dan vol aan om Fabio te katapulteren. Drie seconden later start Fabio zijn sprint, nog zo'n 120 meter te gaan. Bennett zit nog in zijn wiel, wijkt iets uit, komt dichterbij. Maar als Fabio de meet passeert heeft hij nog ruim een half wiel voorsprong – doortrappen tot aan de meet was niet nodig.

In etappe vijf moest een fotofinish uitsluitsel geven, nu is er geen enkele twijfel. Eurosport-commentator Karsten Kroon: 'Het is echt gewoon een superknappe sprint hoor, van Jakobsen. Hij is gewoon de beste.'

Die avond gaat op een laat uur de telefoon in een huis in Heukelum, niet ver van Fabio's ouders. Oma Van der Meijden neemt op, haar man is met haar dochter en schoonzoon in Madrid. Als ze aan de andere kant 'met Fabio' hoort zeggen, schrikt ze zich, zoals ze zelf zegt, *de rambam*. Ze begrijpt het niet goed, weet dat de rest van de familie in Madrid is en even is ze bang dat er iets ergs is gebeurd.

'Maar Fabio, wat is er dan...?'

'Helemaal niks oma, er is niks, ik wilde u alleen even bellen. Ik heb vandaag gewonnen. En ik heb toch met u vroeger ook vaak gefietst toen ik klein was...'

'Bang? Hoezo?'

Als Fabio Jakobsen op een woensdagavond in januari 2020 de skybar op de negenentwintigste verdieping van hotel Suitopia in Calp, Spanje, komt binnenwandelen – korte joggingbroek, T-shirtje, haar in de war – ziet hij me niet direct zitten. Hij stapt op een paar collega's af die rondom een statafel gemoedelijk staan te kletsen met enkele sponsors, er staan glazen witte wijn op tafel. Fabio legt zijn rechterhand op iemands schouder, wijst naar een andere tafel en maakt, aan de reacties te zien, een grap.

Het is nogal een contrast met de ingetogen en beleefde jongeman met zijn ondertussen toch wel brutale blik die ik voor het eerst sprak in Sittard, nu bijna vijf jaar geleden. De jongen die op de vraag of hij dacht ooit prof te kunnen worden antwoordde met: 'Ik denk dat het wel mogelijk moet zijn…'

Zo van 10 meter bezien is hij nog altijd even welgemanierd en voorkomend, maar daar staat nu ook een volwassen kerel, nog altijd brutaal, maar nu ook zelfbewust, op zijn gemak met de mecanicien én de hoofdsponsor. De eerste omdat die komt vanwaar hij zelf komt, de tweede omdat die hoort bij zijn nieuwe wereld. De manier waarop hij zich tussen de mensen begeeft wekt de indruk van een zoon binnen zijn familie. Dat Fabio zich op zijn plek voelt bij Deceuninck–Quick-Step had hij me al een paar keer gezegd, nu zíé ik het. Als je hier een paar dagen rondloopt in het rennershotel, is het vooral de vanzelfsprekendheid waarmee men hier met elkaar omgaat die opvalt. Gesprekken met renners en ploegleiders geven eenzelfde beeld. Er is een duidelijke hiërarchie en dat CEO Patrick Lefevere daarin bovenaan staat lijdt geen twijfel, maar je ziet ook dat iedereen met iedereen praat, dat er een veilige omgeving is en waar nodig een zelfregulerende dynamiek – wie gaat zweven wordt terug op aarde gezet, wie wegzakt wordt mee omhooggetrokken. Het uitdragen van de geuzennaam The Wolfpack mag hier en daar worden afgedaan als een slimme marketingtruc – dat lijkt niet terecht, daarvoor dekt het woord de lading te goed.

Fabio heeft zijn tweede seizoen als beroepswielrenner net als het jaar ervoor afgerond met zeven zeges. Waar hij vorig jaar vanaf het begin ver voorliep op de verwachtingen, doet hij dat nu nog steeds. De verwachtingen van de buitenwereld dan tenminste. Met die van hemzelf houdt hij nét gelijke tred. 'Als ik eerlijk ben, dan was die eerste rit die ik won in de Vuelta eigenlijk eerder logisch. Voor mezelf dan…'

Het lijkt tekenend voor hoe hij zijn sport beleeft, voor hoe grenzeloos veel vertrouwen hij erin heeft dat het werk dat hij erin steekt eruit zal komen in de vorm van overwinningen. Ruim anderhalf jaar geleden vroeg ik hem of hij niet bang was om te falen op het moment dat mannen als Zdeněk Štybar en Philippe Gilbert zich voor hem in het zweet zouden gaan werken om hem in de gelegenheid te brengen een sprint te kunnen winnen. Ik moest de vraag herhalen omdat hij de logica erachter – gesteld natuurlijk vanuit mijn perspectief – niet herkende. Hij was even stil en zei: 'Bang? Hoezo? Dat is toch juist mooi? Daar werk ik toch al die tijd al naar toe?'

Als Fabio mij eindelijk ziet stapt hij mijn kant op, geeft een stevige hand en gaat onderuitgezakt zitten in een van de loungestoelen met uitzicht op de baai van Calp. Hij zwaait vriendelijk naar de serveerster en bestelt een Duvel. 'Lefevere is er niet dol op, maar eentje moet kunnen, we hebben vandaag zes uur getraind, ik ben kapot, net nog even geslapen.' Hij haast zich te zeggen dat de vermoeidheid niet te vergelijken is met die van dertien maanden geleden, de eerste keer dat hij aansloot bij de jaarlijkse trainingskampen in de winterperiode. 'Ik wist niet wat ik meemaakte. Bij die trainingen ging het net zo hard als de wedstrijden van de beloften. Daarna lag ik alleen maar op bed. De eerste twee, drie dagen ging het nog wel, de laatste paar was het vooral volgen. Nu gaat het prima tot het einde. Ik had van de week tijdens een klim de gedachte: volgens mij kan ik dit best wat jaartjes volhouden, dit leven. Dat je bijna geniet zeg maar. En dat op een klim. Bíjna hè, haha.'

Beter willen worden: het lijkt voor Fabio eerder een vanzelfsprekendheid dan een opgave die nou eenmaal hoort bij het leven van een topsporter. Bij hem is het benoemen en blijven benoemen van verbeterpunten, doelen, subdoelen iets wat hij als vanzelf doet. 'Ik krijg vaak boekentips van Lennard Hofstede, die leest van die boeken waar je wat van kan leren. Nu ben ik weer in eentje bezig, *Straight-Line Leadership*. Dat gaat over mensen die in een rechte lijn gaan in de richting waar ze heen willen. Het begint met een verhaal over dat veel mensen vooral bezig zijn met meer kennis te vergaren om vooruit te komen, dat ze meer willen weten zeg maar. Maar meestal weet je al genoeg. Het enige is dat je het ook moet dóén. En durven.'

Hij wijst naar mij: 'Jij weet vast wel hoe je moet afvallen. Of hoe je gezond moet leven. Natúúrlijk weet jij dat. Maar dat is heel wat anders dan het doen. Maar mensen zijn altijd geneigd om naar comfort te zoeken bij hun keuzes. Alleen: alles wat iets oplevert kost moeite. Mensen zeggen dan als het niet lukt: zo ben ik nou eenmaal. Nee, je kiest ervoor om zo te zijn omdat je je daar comfortabel bij voelt. Eigenlijk bepaal je zelf je identiteit.'

Op de vraag of hij ook lijstjes maakt of aantekeningen: 'Ja, in mijn telefoon. Dingen die ik wil onthouden, daar maak ik een notitie van.' Hij zoekt even op zijn telefoon. 'Hier, dit is m'n lijssie. Bijvoorbeeld een lijstje met dingen die belangrijk zijn: jezelf kwetsbaar opstellen, dankbaar zijn, duidelijk zijn, vriendelijk. Want duidelijk zijn ís vriendelijk en onduidelijk is onvriendelijk. Empathisch vermogen, dus jezelf echt verplaatsen in de ander. Dus ook als jij vindt dat je gelijk hebt, kijken van: hoe is het voor hém... Veiligheid inbouwen, samen doelen stellen... Hier nog eentje, dat komt ook uit een boek dat ik heb gelezen. Dat gaat over de vraag hoe je nou een goed team wordt. Gaat-ie: dicht bij elkaar zijn en werken, veel oogcontact, af en toe een fysieke aanraking, kort en bondige energieke woordenwisselingen, iedereen praat met iedereen, veel vragen, intensief en actief luisteren, humor en gelach en kleine vriendelijke uitingen.'

Hij geeft toe dat hij veel van deze dingen eigenlijk van nature al toepast: 'Ik denk dat ik dat van mijn vader heb. Allemaal van die kleine dingen die ik nou tegenkom waarvan ik denk: ja, die ouwe had er wel kijk op... Hij is niet hoog naar school geweest of zo, maar hij heeft gewoon kijk op het leven en hoe je dingen aan moet pakken. Maar mijn moeder ook, ik ben zo grootgebracht. Dus dat is wel voor een groot deel de reden dat ik nu ben zoals ik ben. Je hebt je eigen karakter, maar een groot deel is ook je omgeving.'

Hij stelt ook nog altijd veel vragen aan figuren van wie hij denkt dat ze ergens meer verstand van hebben dan hij. Dylan van Baarle, jarenlang huisgenoot van vriend Lennard Hofstede, en steevast door Fabio als 'grote broer' aangeduid, is een van hen. Van Baarle is voor Fabio een voorbeeld als het aankomt op leven als een prof, als het gaat om het maximale halen uit een misschien niet eens maximaal getalenteerd lijf. Van Baarle: 'Ik ken ze eigenlijk niet zo leergierig als Fabio. Wat dat betreft is hij wel een beetje een modelprof. Ook voor mij ja. Dat is wel grappig, ik ben wat ouder, was eerder prof dan hij, maar later, toen hij grote overwinningen begon te behalen en dat voor mij nog moest komen, draaide het ontzag een beetje om, begon ik op te kijken naar wat hij presteerde.'

Exemplarisch voor op en top prof Jakobsen, volgens Van Baarle: 'Zijn fiets. Altijd brandschoon, tiptop in orde, een vieze fiets is een no-go. Dat heeft hij van zijn vader, volgens mij. Zoals er wel meer is dat volgens mij van zijn ouders afkomstig is – hoe hij zich gedraagt, dingen opruimt als hij bij je op bezoek is, dat soort dingen. Ik denk sowieso dat zijn achtergrond voor een groot deel bepalend is geweest voor waar hij nu staat. En dat beseft hij ook.'

Al in december merkte Fabio dat hij sterker was dan vorige seizoenen: 'Ik merk het vooral aan hoe ik herstel van de trainingen, ik kan hier nu voor het eerst al mijn trainingen kwalitatief afwerken. Dat komt door de Vuelta, dat is ook wat ze hier in de ploeg zeggen. Ik zal bergop nooit de beste klimmer van de ploeg worden, maar ik had altijd het idee dat ik zo'n beetje de slechtste klimmer was van de wereld en dat is niet zo, dat weet ik nu. Al zal ik niet zo'n makkelijk klimmende sprinter worden als Sam Bennett.'

Bennett, in 2019 nog uitkomend voor BORA-hansgrohe, is inmiddels een ploeggenoot. Het bericht dat een van de beste sprinters ter wereld naar dezelfde ploeg kwam deed Fabio heel even slikken, maar bijna direct zag hij ook de voordelen: 'Eigenlijk kan het niet beter. Je hebt wel je ego natuurlijk en dat zegt dat je de grootste koersen wilt rijden. Dan halen ze hem erbij...

Dus rij ik de Giro en Sam de Tour. Maar de Tour die er nu aankomt is echt heel zwaar. De Giro is voor mij heel mooi, dus het is alleen maar goed zo. Ik kan me nu volledig focussen op de Giro, de klassiekers doen Bennett en Hodeg. Ligt er volgend jaar wel een Tour-parcours dat me ligt, dan moet ik dan maar zorgen dat ik beter ben dan Bennett.'

Een dag later spreek ik voormalig topsprinter Tom Steels, nu ploegleider bij Deceuninck–Quick-Step. Hij herkent zichzelf in Fabio Jakobsen – ook hij was aanvankelijk een beperkte klimmer, ook hij heeft veel tijd moeten steken in het vergroten van zijn motor. Steels houdt een eigen stelregel aan om vast te stellen in hoeverre een sprinter progressie boekt: 'Ik kijk naar hoe ze op het einde van het seizoen zijn. Een renner moet aan het einde van het seizoen beter zijn dan aan het begin. Wat ik niet snel vergeet is de Bretagne Classic in Plouay, anderhalf jaar terug in zijn eerste seizoen. Door het grote publiek wordt dat over het hoofd gezien, maar daar heeft hij mij verbaasd. Dat is een wedstrijd van 260 kilometer en het was heel slecht weer. Hij rijdt daar top tien en wint de sprint van Kristoff en Degenkolb. Dan weet je dat zo'n jongen vertrokken is.'

Zowel Steels als Fabio's trainer Koen Pelgrim zijn even stil als ik vraag waar nog ruimte ligt voor verbetering. Pelgrim noemt de uitdaging om, gezien de mee te torsen spiermassa, altijd op het juiste gewicht te zitten, maar voegt er direct aan toe dat Fabio zelden van het streefgewicht afwijkt. Steels: 'Er zijn heel weinig punten bij Fabio die niet goed zijn. Maar – en dat is logisch – tactisch gaat hij nog bijleren. Verschillende aankomsten beter leren interpreteren. En voor een sprinter is het verder vooral van belang om mentaal fris te blijven. Die mannen rijden altijd met een grote druk. Er wordt altijd een ploeg voor u opgezet, iedere keer moet u presteren... U moet, om uw status te blijven behouden, en het vertrouwen van uw ploegmaats, misschien wel zeventig procent van uw sprints winnen. Maar bij Fabio zie ik daar geen problemen, die is enorm zelfzeker, die druk belemmert hem niet.'

Heeft Fabio de leiderschapskwaliteiten die een topsprinter nodig heeft? Wilfried Peeters: 'Wat is leider zijn? Als sprinter moet je vooral heel veel respect hebben voor je collega's en andersom. Het gaat niet om grote woorden, ik denk dat het belangrijkste is: als je hebt bewezen dat je kunt winnen, dan gaan ze alles voor jou doen. Dan gaan ze ook in dat gat duiken waar je eigenlijk niet door kunt, omdat ze weten dat jij het kunt afmaken. Niemand gaat zich meteen met honderd procent inzetten voor een jonge gast. Maar dat heeft Fabio nu al wel afgedwongen.'

Collega-renner en vriend Tim Declercq: 'Fabio kan aansturen en duidelijk zijn wanneer nodig, maar hij geeft ook veel vertrouwen aan zijn lead-outman. Dus eigenlijk moet je dan dus juist de leiding uit handen geven. Dat hij snel genoeg was om te winnen zagen we al toen hij Elia erop legde op de training. En dat hij het ook in de wedstrijd kon liet hij ook vanaf het begin zien. Dan is het klaar, dan rijden we voor je.'

Of hij ook een klootzak kan zijn of humeurig? Declercq: 'Ja, ongelooflijk zelfs. We hebben het er nog dikwijls over gehad, dan lachen we erom... Het was in een waaierrit in de Vuelta, rit zestien of zeventien. Ik moet zeggen, ik had toen een hele goede dag. En Fabio, die kan natuurlijk wel in de wind rijden, maar zo laat in de wedstrijd wordt dat ook moeilijker. We hadden afgesproken dat we bij een waaier zouden rijden voor Gilbert en Stybar. In het begin deed Fabio mee in de waaier, maar na een tijdje zag ik hem niet meer. Ik dacht: die zit zich te sparen voor als het toch nog een sprint wordt. Maar dat was niet zo, hij was helemaal kapot.' Als een ploegleider via de oortjes laat weten dat Fabio is gelost, reageert Declercq: 'Hij zou beter wat meedraaien in plaats van zich sparen.' De tirade van Fabio aan Declercqs adres kan de laatste maar deels verstaan, maar duidelijk is dat zijn collega ziedend is. 'Declercq: we hebben er wel hard om gelachen, we zijn allebei nogal licht ontvlambaar in de koers. En als je zoiets dan achteraf bijlegt, dan wordt de band eigenlijk alleen maar beter.'

‘Ik heb hier een positieve zwangerschapstest’

De komst van een kleine Van den Berg kondigt zich aan in september 2019. Froukje en Julius zitten in een restaurant te eten als Froukje plotseling een sterke golf van misselijkheid voelt opkomen, eentje die ze nooit eerder heeft gevoeld. Bijna meteen wordt ze ook duizelig en verliest ze een groot deel van haar zicht. Ze schrikt, gaat naar buiten voor wat frisse lucht, maar de klachten blijven. Julius belt de huisartsenpost, de telefonist vraagt Froukje aan de lijn. Als die haar klachten opnoemt zegt de telefonist dat het lijkt alsof er iets mis is in haar hoofd – hij stelt voor om een ambulance te sturen. Froukje vindt het niet nodig: ‘Wij komen wel zelf met de scooter, ik zal mijn vriend goed vasthouden.’

Een halfuur later, op de onderzoekstafel, ziet Froukje de arts, nadat hij tal van tests heeft uitgevoerd, een staafje in de afgenomen urine houden. Onnodig, denkt ze, ik ben immers aan de pil, het zal wel een standaardprocedure zijn. Een moment later draait de arts zich om, kijkt Froukje aan, daarna Julius, die in de hoek op een bankje zit.

‘Ik heb hier een positieve zwangerschapstest.’

Julius, lachend: ‘Joh, oké, haha!’

Froukje slaat haar hand voor haar mond, kan het niet geloven.

Maar de arts heeft geen twijfel. ‘Hoelang kennen jullie elkaar al?’

Froukje: ‘We zijn al drie jaar bij elkaar, we wonen samen.’

Omdat de arts gezien de ongewoon sterke klachten een complicatie bij de zwangerschap wil uitsluiten, verwijst hij de twee naar de afdeling gynaecologie, waar ze direct terecht kunnen. Een echo laat zien: niks aan de hand, hartje klopt, het ziet eruit zoals het eruit moet zien. En zo lopen Froukje en Julius een kwartier later hand in hand het ziekenhuis uit. Als ze buiten staan voordat ze op de scooter stappen, kijken ze elkaar even aan. Is dit echt?

Vanaf het moment dat hij zich realiseert dat hij vader wordt is Julius uitzinnig van vreugde. Froukje heeft nog af en toe een moment van onrust, waarop ze beseft dat het nu ineens menens is en dat ze dit maar één keer goed kunnen doen, Julius kan alleen maar uitkijken naar de geboorte, verwacht halverwege mei.

Als de wielerkalender begin maart 2020 door de wereldwijde uitbraak van corona volledig wordt schoongeveegd, heeft dat voor Julius één heel groot voordeel: het betekent dat hij rondom de geboorte van zijn kind thuis is – iets wat een profwielrenner onder normale omstandigheden nooit meemaakt. Hij besluit tot aan de geboorte zo hard mogelijk door te trainen, om daarna een week vrij te kunnen nemen.

Vanaf het moment dat op 22 mei 2020 Sterre Tjitske Liza van den Berg wordt geboren, loopt de jonge vader Julius, drieëntwintig nog maar, over van liefde. Als hij met haar over straat loopt glimt hij van trots. Geen groter genot dan samen ergens een appelsap drinken of naar babyzwemmen te gaan. Al had hij voor de zwangerschap nog maar zelden nagedacht over het vaderschap, wanneer hij het eenmaal is, voelt het alsof het nooit anders is geweest.

Julius is stapelgek op zijn jonge gezin en geniet van de door corona ongewoon lange tijd samen. Maar diezelfde liefde heeft een hevige bijwerking, eentje die zich vooraf niet aankondigde. Met het gaan samenwonen met Froukje in Amsterdam verdween de eerste vrijblijvendheid, met de komst van Sterre verdwijnt die volledig. Tot nu was Julius een ongecompliceerde speelvogel, met het vaderschap ervaart hij voor het eerst een nieuwe vorm van druk op zijn prestaties op de fiets – hij wil voor zijn gezin kunnen zorgen, hij wil kostwinner zijn. Froukje heeft met haar baan bij SEG ook een inkomen, maar dat doet niets af aan Julius' gevoel: hij vindt dat hij voor zowel zijn vriendin als zijn dochter voldoende moet kunnen verdienen. En dat terwijl zijn contract bij EF aan het einde van het jaar afloopt en de realiteit is dat hij de ploeg nog maar weinig aanleiding heeft gegeven om een verlenging te overwegen: 'Het is nou niet direct zo dat ik de laatste twee jaar veel heb laten zien of zo...' Op de vraag of zijn managers al bezig zijn om andere ploegen te polsen: 'Dat weet ik eigenlijk niet en dat hoef ik ook niet te weten. Maar de ploegen zullen niet in de rij staan...'

Het is uiterst onzeker of Julius volgend jaar nog beroepsrenner is en omdat hij in zijn eerste jaar als belofte zijn studie opgaf om alles op het wielrennen te zetten, beschikt hij niet over een diploma. Voor de buitenwereld is hij nog steeds de ongecompliceerde Julius, schijnbaar laconiek en altijd in voor een geintje – met Froukje deelt hij soms zijn twijfels. Zij drukt hem op het hart zich geen zorgen te maken: 'Ook als we volgend jaar allebei in een supermarkt werken, dan nog redden we het wel.' Het neemt Julius' onrust even weg, maar het komt als vanzelf weer op. De stress leidt er op zeker moment toe dat er weinig over is van het plezier dat hij doorgaans beleeft aan het fietsen, het bijbehorende leven en de trainingen met Cees Bol, Niki Terpstra en anderen in de Noord-Hollandse polders.

Begin augustus vertrekt Julius naar de Ronde van Polen met het stellige voornemen om zich te bewijzen voor de ploeg door keihard te werken en aan te vallen waar hij kan en mag.

III

VALLEN

‘Mama, niet hier komen, níét doen…’

Zondag 2 augustus 2020, Heukelum, Nederland

Het profwielerpeloton heeft zich na de eerste wereldwijde corona-lockdown eindelijk weer in gang getrokken. Er is een alternatieve wielerkalender opgesteld, waarbij sommige wedstrijden zijn gesneuveld en andere zijn uitgesteld. Bijna niemand heeft er vertrouwen in dat het seizoen kan worden voltooid, maar het begin is er dan toch – gisteren, op 1 augustus, was de eerste koers: Strade Bianche, met winst voor Wout van Aert.

Ik bel Fabio. We bespreken de lockdown, hij vertelt over de zee van vrije tijd, over een schuur bouwen in de tuin bij zijn schoonfamilie. Over trainen zonder concreet doel – en dat dat later trainen werd voor een misschien concreet doel. Toen was er een hoogtestage met de voltallige ploeg van Deceuninck–Quick-Step, iets wat in een normaal seizoen nooit voorkomt.

Over zijn conditie: ‘Nou ja, ik ben in ieder geval niets verloren. Ik ben niet verbeterd, maar ik ben ook niet slechter geworden. Eigenlijk heb ik nu het niveau dat ik normaal ook heb richting de eerste wedstrijd.’

‘Rij jij nou komende week de Ronde van Polen?’

‘Eh ja, klopt…’

‘En dan, wat komt er daarna?’

‘Dan, daarna… eh, ja Menno, dat kan ik wel vertellen aan je, maar wie zegt dat dat doorgaat? Wie weet hoe het loopt?’

Woensdag 5 augustus 2020, 16.52 uur, Sosnowiec, Polen

Julius van den Berg rijdt met drie medevluchters in oostelijke richting over de Henryka Sienkiewicza, een vierbaansweg, het stadje Sosnowiec in. Ze rijden nu 150 kilometer in de aanval, de voorsprong op het peloton is anderhalve minuut. Even na het uitkomen van een rotonde die volledig moet worden genomen, zien ze het peloton in tegengestelde richting naderen.

In dat peloton, redelijk vooraan aan de buitenkant, rijdt Fabio Jakobsen. Hij heeft zijn vriend Van den Berg vandaag nog niet gesproken. Bij de start kon hij hem zo snel niet ontdekken en later, eenmaal op weg, keek hij nog een paar keer vergeefs om zich heen. Halfweg koers kwam Van den Bergs ploeggenoot Sebastian Langeveld voorbij.

'Die rooie zit zeker in de kopgroep, of niet?'

'Ja ja, die is mee.'

Jakobsen ziet de auto van de koersleiding naderen, daarachter de vier vluchters. Als ze vlakbij zijn tilt hij zijn rechterhand even op en glimlacht naar Julius. Dat is niet zonder leedvermaak – hij weet dat het op een sprint gaat uitdraaien. Aan de andere kant van de middenberm heeft Julius zijn vriend al gezien – gemakkelijk herkenbaar aan de rood-wit-blauwe kampioenstrui. Hij draait zijn hoofd iets naar links en groet terug met een knik.

Tot zo.

Woensdag 5 augustus 2020, 18.20 uur, Heukelum, Nederland

Sandra van der Meijden heeft een drukke week. Ze werkt zes dagen op rij en helemaal als ze het druk heeft, is het eerste waaraan ze denkt als ze thuiskomt: goed en op tijd eten. Na een ritje van een kwartier op haar nieuwe elektrische fiets – een cadeautje van haar zoon Fabio – komt ze via de garage de keuken binnen. Haar dochter Marloes heeft haar al gehoord en loopt haar vanuit de voorkamer tegemoet.

Sandra neemt plaats aan de keukentafel, Marloes schept eten voor haar op en zet het bord neer op tafel. Dan loopt ze terug naar voorkamer, naar de tv. Eurosport staat aan, het is de openingsetappe van de Ronde van Polen – de eerste etappekoers op het hoogste niveau na de coronapauze. Dat er een massasprint komt staat vast, net als dat het een snelle wordt, de weg voor de finish loopt licht af. Marloes' broer Fabio kondigde het gisteren aan de telefoon al aan. 'Dat gaat daar aan 80 per uur.'

Woensdag 5 augustus 2020, 18.24 uur, Zuidland, Nederland

In Zuidland, een dorp op het eiland Voorne-Putten, ten zuidwesten van Rotterdam, zit Delore Stougje, de vriendin van Fabio, te appen met Froukje van Zinnen, Julius' vriendin. Delore stuurde Froukje zojuist een linkje door naar de livebeelden van de koers. Tegelijkertijd zitten ze nu te kijken, de een in Zuidland, de ander in Amsterdam, ondertussen heen en weer append. Delore is, als altijd, licht gespannen als er een massasprint aankomt. En dan niet omdat haar vriend kans maakt op de overwinning, maar omdat het gevaar op een crash, sowieso altijd als een donkere wolk aanwezig boven het peloton, zich in de laatste kilometers altijd samenbalt tot een potentieel levensgevaarlijke onweersbui. Dat wordt vandaag nog versterkt doordat Delore de finish van vandaag goed kent – vorig jaar was ze erbij in Katowice. Ze weet hoe hard het er gaat én dat er achter de boarding treinrails lopen met bedieningskasten, hendels en meer uitstekend metaal.

Delore tegen Froukje: 'Op dit soort momenten kijk ik liever helemaal niet...'

Woensdag 5 augustus 2020, 18.26 uur, Heukelum, Nederland

Marloes Jakobsen ziet haar broer even kort opduiken vooraan in het peloton. Kort daarop laat hij zich terugzakken achter zijn gangmakers Davide Ballerini en Florian Sénéchal. Ze roept naar haar moeder: 'Nog 1500 meter, mam, hij zit goed, hij zit goed!'

Op een kleine kilometer zet Sénéchal Jakobsen af in het wiel waar hij wil zitten, dat van zijn grootste concurrent voor de overwinning, Dylan Groenewegen van Jumbo-Visma.

'Nog 300 meter, mam!'

'Mama, niet hier komen, níét doen... O god, hij is gevallen... je moet níét kijken...! Het is écht niet goed...'

Sandra staat op, met een hand voor haar mond loopt ze in de richting van de voorkamer. Haar dochter komt haar tegemoet, duwt haar terug. 'Daar blijven alsjeblieft mama, níét kijken...'

Sandra draait zich om, confuus, haar hand nog steeds voor haar mond. Ze loopt naar de keuken en als in een waas loopt ze door, de garage in. Een paar minuten later, terug in de keuken, hoort ze haar dochter op de achtergrond jammeren: 'O nee, o nee, o nee...'

Een kleine drie kilometer verderop, op de parkeerplaats van glasfabriek Royal Leerdam Crystal, stapt Thijs Jakobsen in zijn auto. Een minuut geleden zag hij, samen met een collega, op zijn telefoon, hoe zijn zoon op catastrofale wijze in de boarding ramde. 'Gódverdomme!' klonk het, en toen nog een keer. Meteen daarna tegen zijn collega: 'Ik moet nog zien dat-ie nog leeft...'

Woensdag 5 augustus 2020, 18.35 uur, Zuidland, Nederland

In Zuidland, in de keuken van haar ouderlijk huis, zit Delore Stougje met haar ellebogen op tafel en haar hoofd in haar handen met grote ogen naar het tv-scherm aan de muur te turen. Keer op keer vertoont Eurosport herhalingen van de crash van haar vriend. Van Dylan Groenewegen die steeds verder van zijn lijn afwijkt, totdat de opkomende Fabio geen kant meer op kan en uiteindelijk de hekken in wordt geduwd.

Iedere keer dwingt ze zichzelf om ernaar te kijken, op zoek naar iets, al is het maar iets heel kleins, dat misschien een klein beetje geruststelling kan brengen. Maar er is niets wat daar ook maar bij in de buurt komt en iedere keer dat ze de crash ziet neemt haar paniek verder toe, helemaal op het moment dat ze duidelijk denkt te zien dat Fabio met zijn rug genadeloos hard tegen de finishboog slaat. Ze prevelt onafgebroken: 'Het is niet goed, het is niet goed...'

Dan schiet haar te binnen dat Fabio haar eens de inloggegevens gaf van een webpagina van wielerploeg Deceuninck–Quick-Step, waarop op ieder moment te zien is wie van de ploeg waar is, inclusief de contactgegevens. Ze pakt haar laptop, klapt hem open. Als ze ziet dat de dokter ter plekke in Polen Yvan Vanmol is, belt ze het nummer dat er achter diens naam staat.

Vanmol neemt direct op. Over de situatie kan hij nog niets zinnigs zeggen, omdat hij nog, te voet, op weg is naar de plek waar Fabio ligt, onder de finishboog. Hij belooft terug te bellen zodra hij meer weet.

Delore begint op Twitter te zoeken naar informatie, haar vader, moeder, zus en zwager doen hetzelfde. Het is een hels dilemma – want hoe graag Delore ook nieuws wil over wat er zich 1200 kilometer verderop afspeelt, ze vreest tegelijkertijd juist dat nieuws. Ze komt berichten tegen over reanimatie ter plekke, even later ziet ze een foto waarop te zien is dat Fabio tijdens zijn val, in de lucht en nog voordat hij de finishboog raakt, zijn helm kwijt is en daarmee de enige bescherming van een wielrenner tegen zwaar letsel. Ze duwt haar telefoon van zich af en roept: 'Stoppen nu, niemand kijkt nog op Twitter! Niemand doet iets voordat Vanmol terugbelt!'

Woensdag 5 augustus 2020, 18.37 uur, Heukelum, Nederland

Marloes Jakobsen probeert zichzelf wijs te maken dat haar broer straks, als bij een mirakel, opstaat. Maar zo graag als ze het wil, zo goed weet ze dat dat niet gaat gebeuren.

In de keuken pakt Sandra als verdoofd en met trillende handen haar telefoon uit haar tas – ze wil haar man bellen. Zodra ze de telefoon van haar man hoort overgaan, ziet ze de deur openzwaaien, Thijs Jakobsen stapt naar binnen.

'Nou, dit is niet best jongens…'

'Ik heb niks gezien Thijs.'

Op de achtergrond hoort Thijs zijn dochter naar de tv roepen.

Vijf minuten later zit Sandra op de hoekbank voor zich uit te staren in een staat die ze later omschrijft als *frozen*. De tv is uit, van het ongeluk van haar zoon heeft ze nog steeds niets gezien. Ze vertrouwt volledig op haar dochter en die heeft gezegd: niet kijken. Haar man is het daarmee eens: 'Niet doen, schiet je niks mee op.'

Als Marloes een onbedaarlijke paniekaanval voelt opkomen, staat ze op en loopt naar de keuken, dan de garage in. Tot ze daar is houdt ze, beide handen voor haar mond, haar snikken zo goed en zo kwaad als het kan verborgen voor haar moeder. In de garage aangekomen verliest ze, zonder enige aankondiging, de controle over haar benen – ze zakt door haar knieën op de koude garagevloer.

Woensdag 5 augustus 2020, 18.59, Zuidland, Nederland

'Delore, je spreekt met Yvan. Het ziet er heel slecht uit. Dat is het enige wat ik nu zeker weet. Hij heeft inwendige bloedingen.'

Inwendige bloedingen. Het is precies de term waarvoor Delore vreesde. Het is de woordcombinatie die nu al een halfuur door haar hoofd zingt, ook omdat hij vandaag precies een jaar geleden, toen Delore aan de finish stond in Katowice, rondging op het moment dat bekend werd dat de jonge Belg Bjorg Lambrecht ongelukkig ten val was gekomen. Lambrecht zou kort daarop, onderweg naar het ziekenhuis, overlijden.

Normaliter, na iedere koers, ongeacht de afloop, stuurt Delore haar vriend een appje. Nooit doet ze dat niet. Over een paar dagen zal ze in moment van een schrik opmerken dat ze het dit keer niet heeft gedaan. De reden die ze daar later voor geeft is simpel – ze heeft de overtuiging dat Fabio het bericht nooit zal lezen…

Delore legt haar telefoon weer weg, zoekt steun bij de hoge keukentafel, loopt eromheen. Dan zet ze haar rug tegen de muur en laat zich naar beneden zakken. Daar blijft ze, onder de tv waarop ze zojuist haar haar vriend zag crashen, zitten met haar hoofd tussen haar knieën en haar handen om haar achterhoofd geslagen. Dwangmatig, als in een trance, blijft ze hetzelfde zinnetje herhalen: 'Als hij maar niet doodgaat… als hij maar niet doodgaat…'

Delore heeft ongeveer een halfuur onder de tv gezeten als haar moeder zegt dat er iets moet gebeuren, er moet een plan komen. 'Zullen we naar Heukelum rijden?' Het is alsof Delore wakker wordt uit een sluimerstand. Ze kijkt op, komt overeind, kijkt om zich heen. Het lijkt of ze de paniek voor nu even van zich afduwt en overgaat tot wat er moet gebeuren. Ze pakt haar telefoon en appt Thijs Jakobsen.

'We komen naar jullie, ik wil naar Polen.'

Woensdag 5 augustus 2020, 19.15 uur, Hotel Park Inn, Katowice, Polen

Julius van den Berg is net aangekomen in het hotel. Nadat hij en zijn medevluchters op 16 kilometer van de meet zijn ingerekend, is het op. Hij zakt door het peloton en vrijwel direct wordt hij gelost.

Als hij op ruim twee minuten van het peloton de finish nadert, ziet hij van ver al de enorme ravage. Rechts is de omheining verdwenen, her en der liggen wielrenners met daaromheen knielende hulpverleners. Julius doet wat hij altijd doet bij valpartijen, zijn hoofd afwenden. Helemaal sinds hij vorig jaar getuige was van de schijnbaar onschuldige val van Bjorg Lambrecht. Het duurt tot het moment dat Julius aankomt in de lobby van het hotel dat hij van een ploeggenoot hoort dat zijn vriend Fabio Jakobsen levensbedreigend gewond is geraakt en dat hij met spoed naar het ziekenhuis is gebracht.

Direct komt een stille, verlammende paniek op, een panische angst voor wat er kan gebeuren, voor wat het volgende bericht wordt. Het duurt enkele minuten totdat daar de onbedwingbare neiging bij komt om iets te doen, om naar zijn vriend in het ziekenhuis te gaan om hem te helpen, op wat voor manier dan ook. Al was het maar door naast hem te zitten, in elk geval totdat Fabio's ouders er zijn. Maar even vaak als hij zich de vraag stelt wat hij kan doen, moet hij het antwoord schuldig blijven.

Om Julius heen staren ploeggenoten, net als die van andere ploegen, met een getergde blik naar hun telefoons, onafgebroken hun Twitterfeed ververseend. Of hij dat die avond en nacht zelf ook doet is achteraf niet te achterhalen – hij kan het zich niet herinneren.

Woensdag 5 augustus 2020, 20.05 uur, Heukelum, Nederland

In het huis van Thijs Jakobsen en Sandra van der Meijden is het een drukte van belang. Sandra's ouders zijn er, Thijs' broer Arie met zijn vrouw Marjanne, Thijs' beste vriend, ook Arie, en ook de buren komen binnen. Sommigen zitten buiten op het terras, anderen zitten in de woonkamer. Er wordt met gedempte toon gepraat, sommigen staren wezenloos voor zich uit. Opa Van der Meijden is ontroostbaar, hij barst herhaaldelijk in een onbedaarlijk snikken uit. Tussendoor ontvangt hij onafgebroken appjes van een bekende en iedere keer klinkt – met maximaal volume – het geluidje dat zijn zoon Thijs ooit voor hem installeerde… een bierflesje dat geopend wordt:

Plop… tik…
Plop… tik…
Plop… tik…

Het drijft de anderen tot waanzin. Als iemand hem vraagt om alsjeblieft het geluid uit te zetten, doet opa een poging, maar hij heeft geen flauw idee hoe hij dat moet doen. Als ze het niet langer uithoudt, pakt Marloes haar opa's telefoon en zet hem uit.

Op het moment dat Delore en haar ouders binnenkomen, wordt ze van alle kanten verwachtingsvol aangekeken. Iedereen weet dat áls er nieuws komt, het via haar komt. Maar ze heeft sinds het laatste telefoontje, nu ruim een uur geleden, niets meer gehoord. Als ze gaat zitten voelt ze de blikken op zich gericht.

Woensdag 5 augustus 2020, 20.14 uur, Heukelum, Nederland

Thijs checkte al snel na de val online de mogelijkheden om naar Polen te vliegen, maar er is, mede door corona, geen enkele vlucht beschikbaar. Direct daarna begon hij samen met zijn broer Arie zijn busje gereed te maken – dan maar rijden. Nu staan tante Marjanne en Delores moeder Carola broodjes te smeren voor onderweg. Het belooft een lange en door corona ook onzekere reis te worden van 1200 kilometer.

Thijs Jakobsens telefoon gaat, een Belgisch nummer. Aan de andere kant van de lijn Patrick Lefevere, CEO van de ploeg van zijn zoon.

'Met Thijs...'

'Thijs, het is Patrick. Jullie moeten daarheen, zo snel mogelijk.'

'Ja, ik weet het, de bus is gepakt, we gaan zo rijden. Met vier man.'

'Ik vind dat niks, jullie moeten niet gaan rijden, geef me een halfuur.'

'Dat is goed, tot zo.'

Binnen een halfuur belt Lefevere terug. De privéjet van een vermogende sponsor staat morgenochtend om zes uur gereed op Rotterdam Airport. Michael Verschaeve, mental coach van de ploeg, zal meevliegen. Om de familie waar mogelijk bij te staan, net als de renners en stafleden ter plekke in Katowice.

In de woonkamer in Heukelum blijf het onbesproken, maar het waarom van Lefeveres aanbod ontgaat niemand. Lefevere wil de familie zo snel mogelijk in Polen hebben omdat hij sterke aanwijzingen heeft dat Fabio Jakobsen op korte termijn komt te overlijden. Lefevere wil dat, als het zover is, zijn naasten bij hem zijn.

Het busje wordt weer uitgeladen, de koffers worden in de gang gezet. Delore en haar ouders besluiten over een uur terug te rijden naar Zuidland en morgenochtend vanuit daar naar het vliegveld te rijden.

Woensdag 5 augustus 2020, 22.10 uur, Heukelum, Nederland

Op het moment dat Delores telefoon overgaat kijkt iedereen verschrikt op. Delore kijkt op haar scherm – een Belgisch nummer –, staat op en verdwijnt naar de gang. Daar staart ze naar haar telefoon, laat hem nog een paar keer overgaan, overweegt om niet op te nemen. Ze keek uit naar het telefoontje, wacht er al de hele avond op, maar tegelijkertijd vreest ze hem nog meer. Ze weet onwillekeurig dat de boodschap, een vingerdruk weg, bepalend is voor de rest van haar leven.

'Delore, dit is wat ik nu weet: berichten dat hij is gereanimeerd kloppen niet. Zijn hart doet het zelfstandig en dat heeft het steeds gedaan. En er is geen zuurstoftekort geweest.' Vanmol voegt toe dat er de komende nacht geopereerd wordt, maar dat het nog wachten is op de chirurgen. Mensen uit de organisatie van de Ronde van Polen hebben hun invloed aangewend om de beste chirurgen van het land te laten invliegen.'

De boodschap zelf mag, hoe summier ook, een heel klein beetje positief lijken, de bezorgdheid in Vanmols stem doet Delore huiveren. Het is hetzelfde gevoel dat overbleef na het telefoontje van Patrick Lefevere, nu een uur geleden. Delore twijfelt er niet aan dat ook Vanmol de kans heel klein acht dat Fabio de val overleeft.

Niet lang daarop vertrekken Delore en haar ouders naar huis. Ze zal die nacht niet slapen. Urenlang staart ze naar de foto die ze twee dagen geleden van Fabio maakte op het vliegveld van Brussel. Het feit dat ze nooit eerder een foto van haar vriend maakte bij het wegbrengen, voedt haar paniek – ze beeldt zich in dat er blijkbaar een reden was, ingegeven door een soort onbewust voorgevoel, om die foto daar, op dat moment te maken. Thijs en Marloes Jakobsen slapen die nacht ook niet, Sandra van der Meijden een paar uur. Achteraf vermoedt ze dat dat komt doordat ze als enige de val niet zag.

Donderdag 6 augustus 2020, 03.00 uur, Hotel Park Inn, Katowice, Polen

Julius vertrok rond 20.00 uur zo snel als hij kon naar zijn hotelkamer. Alleen, want in verband met corona heeft iedereen zijn eigen kamer. Daar belt hij direct naar huis, naar Froukje, die in Amsterdam met Sterre is achtergebleven. Froukje, die de hele dag contact heeft gehouden met Delore, barst bij het horen van de stem van haar vriend in huilen uit, Julius doet wat hij altijd doet als er iets ergs gebeurt: hij valt stil, zegt alleen het hoogstnoodzakelijke. Als Froukje iets is bedaard, mompelen ze wat heen en weer, soms vallen er lange stiltes.

Als ze ophangen bellen ze elkaar bijna direct weer en daarna nog eens. Froukje drukt Julius op het hart even zijn kamer te verlaten, iemand op te zoeken om mee te praten, al is het maar om het malen even te stoppen. Als ze hem later weer belt, vertelt Julius haar dat hij al een uur, alleen, in de lege eetzaal zit. Als ze hem vraag waarom hij daar zit, weet hij geen antwoord te formuleren.

Na het diner zoekt ploegleider Ken Vanmarcke Julius op zijn kamer op. Vanmarcke kent Julius' band met Fabio, hij was in 2018 bij SEG Racing Academy ploegleider van beide renners. Als hij binnenkomt ziet hij Julius dwangmatig rondjes lopen door zijn kamer, hij lijkt niet eens op te merken dat Vanmarcke iets tegen hem zegt. Vanmarcke vraagt hem om even stil te staan en naar hem te luisteren. Als Julius dat doet en hij Vanmarcke aankijkt, schieten Vanmarckes ogen vol tranen en maakt hij een plots, proestend geluid. Hij stapt naar voren, grijpt Julius vast en trekt hem krachtig naar zich toe. Het is ruim voldoende om Julius' laatste weerstand te breken – hij barst uit in een onbedaarlijke huilbui.

''t is goed Julius, 't is goed...'

Zo staan de mannen twee minuten stevig tegen elkaar aan. Als Vanmarcke kort daarop de gang weer op stapt is Julius iets rustiger.

Wat Julius niet deelt met Vanmarcke, en ook niet met de rest van zijn ploeg, is dat de angst en paniek veroorzaakt door Fabio's val een andere angst aansteekt waarmee hij al bijna een halfjaar kampt en die hem nu met een nieuwe hevigheid overstelpt. In maart, bij een trainingskamp in Girona met ploeggenoot Sebastian Langeveld, voelde hij bij een bezoek aan de buurtsuper zijn hart even overslaan. Het was alsof het even stilstond, daarna begon het als een als een gek te kloppen. Julius schoot direct in een totale paniek. Het zweet brak hem uit en later, toen ze terugliepen naar het appartement, moest Langeveld hem een paar keer ondersteunen om te gaan zitten. In het appartement belde Langeveld een ambulance, een kwartier later was die er. De verpleegkundigen deden een paar tests, ze vonden niets. Ze maakten Julius duidelijk dat hij zich nergens zorgen over hoefde maken en dat het waarschijnlijk een gewone hartklopping was geweest, zo eentje die miljoenen mensen wereldwijd iedere dag wel eens voelen. Maar het was alsof de woorden geen grip kregen op Julius' brein, dat sinds een uur in een niet te stoppen dwangmatige stand stond en steeds hetzelfde zinnetje produceerde: ik ga dood, ik ga dood...

De volgende ochtend stapte hij op het vliegtuig naar huis.

Hij ging niet dood. Testen in het ziekenhuis in Eindhoven leverden geen afwijkingen op, behalve dan dat zijn hart groter bleek dan gemiddeld. Maar zelfs dat is normaal voor een topsporter die een duursport beoefent. Maar in plaats van voor geruststelling zorgde het bijna voor het tegenovergestelde – Julius' brein was in een permanente staat van paniek en dus immuun voor argumenten, hoe steekhoudend ook. De paniek versterkte zichzelf – Julius had het diepgewortelde gevoel dat iedereen met een fobische angst zal herkennen: deze paniek kan er niet voor niets zijn, als ik zo bang ben móét er wel iets heel erg mis zijn...

Julius kreeg de dagen erop meer hartkloppingen, al dan niet veroorzaakt door de angst voor hartkloppingen zelf, en het moment brak aan dat hij nauwelijks nog functioneerde. De onzekerheid over een nieuw contract droeg daaraan bij. Alleen als hij met zijn dochtertje Sterre aan het spelen was, kon hij zijn angst even vergeten. Het feit dat hij dankzij corona veel meer van zijn dochter kon genieten dan normaal mogelijk was geweest, kwam heel erg als geroepen.

Nu, midden in de nacht in een hotel in Polen, ligt hij te woelen in zijn bed, niet alleen doodsbang om zijn vriend te verliezen, maar net zo bang om zelf niet meer wakker te worden.

Op hetzelfde moment, drie kilometer verderop, in het St. Barbara ziekenhuis in Sosnowiec, zijn de drie beste chirurgen van Polen bezig met een vijf uur durende operatie die, zoals later zal blijken, het leven redt van Fabio Jakobsen.

Donderdag 6 augustus, 09.50 uur, Hotel Vienna House Katowice, Katowice, Polen

Voor de entree van hotel Vienna House Katowice stopt een taxibusje. Aan boord: Thijs, Marloes, Sandra, Delore, haar moeder Carola en mental coach Michael Verschaeve.

Sinds ongeveer een uur is er voor het eerst sprake van enige opluchting. Delore werd gebeld door dokter Vanmol – de operatie van afgelopen nacht blijkt levensreddend te zijn geweest. Het zorgt voor intense dankbaarheid en opluchting, maar bijna op hetzelfde moment maakt die plaats voor nieuwe twijfel en zorgen. Want wat houdt buiten levensgevaar in? En hoe gaat het leven dat zojuist is gered er straks uitzien?

In Hotel Vienna wordt de familie opgevangen door Ward Callens, persvoorlichter van de ploeg. Het is binnen een drukte van jewelste; iedereen is in de weer om zich gereed te maken voor de tweede etappe, van Opole naar Zabrze. In de entreehal treft de familie ploegleider Brian Holm en boven, in de ontbijtzaal, zien ze officials van de Ronde van Polen en ploegdokter Yvan Vanmol, die hen bijpraat over wat hij weet over de operatie van afgelopen nacht, al is dat hetzelfde als wat hij Delore vanmorgen per app al liet weten.

Ward Callens brengt een verzoek van de renners over: ze willen de familie graag kort spreken. Nadat de familie toestemt verschijnen ze: Mattia Cattaneo, Dries Devenyns, James Knox, Davide Ballerini, Florian Sénéchal en Remco Evenepoel. Allemaal zwaar aangeslagen, sommigen weten nauwelijks hoe ze moeten kijken.

Florian Sénéchal ziet lijkbleek; gisteren heeft hij, direct na de crash, Fabio's hoofd vastgehouden en opgetild toen hij zag dat Fabio, buiten bewustzijn, dreigde te stikken in zijn eigen bloed. Achteraf zal het levensreddend blijken, maar op deze donderdagochtend in de ontbijtzaal van het hotel is Sénéchal nog heel bang voor een dwarslaesie bij zijn ploeggenoot en dat hij die, door impulsief te handelen, heeft veroorzaakt.

Na een korte groet – op afstand, want corona – neemt de jongste van het stel, Remco Evenepoel, het woord. 'Wij zouden het heel goed begrijpen als jullie niet willen dat wij vandaag gaan starten. Als jullie willen dat we stoppen en naar huis gaan, dan doen we dat.'

Even is het stil. Dan zegt Sandra: 'Rijden jullie maar door, Remco, ik weet zeker dat Faab dat ook wil.'

Donderdag 6 augustus 2020, 16.00 uur, ergens tussen Opole en Zabrze, Polen

De tweede etappe gaat over 151 kilometer over heuvelachtig terrein, met na 50 kilometer een beklimming van de tweede categorie. Vanmorgen is er door renners en ploegleiders van verschillende ploegen veel appcontact geweest. De consensus: vandaag rijden we rustig aan, pas in de finale wordt er gekoerst. Toch komt er na minder dan tien kilometer een renner uit het zadel en kiest met alles wat hij heeft de aanval. Zijn naam: Julius van den Berg. In zijn kielzog springt de Pool Maciej Paterski mee.

Zelden was een ontsnapping zo nadrukkelijk een ontsnapping. Julius' vriend Fabio is vanaf gistermiddag geen moment uit zijn gedachten geweest, geslapen heeft hij nauwelijks, misschien een uur. Een paar keer had hij het gevoel gek te worden van de maalstroom van negatieve gedachten. Deze ontsnapping is er eentje aan de dwangmatige dubbele *loop* in zijn hoofd.

Het werkt. De pijn in de benen verdrijft tweeënhalf uur lang die in zijn hoofd. Over 120 kilometer gaat het kop over kop, de maximale voorsprong bedraagt bijna zeven minuten, onderweg pakt Julius tweemaal de volle punten voor de bergtrui. Als de twee worden ingerekend door het peloton doet Julius geen poging meer om aan te haken. Dan, ver achter het peloton, in zijn eentje, krijgt de wanhoop weer lucht. Huilend zit hij op zijn fiets, onafgebroken starend naar de plek op het schermpje van zijn fietscomputer waar zijn hartslag wordt getoond. Die is toch veel te hoog? Wat als ie straks niet meer naar beneden gaat...?

Een halfuur later, op het podium, als Julius – mondkapje op – zijn bolletjestrui aantrekt, haalt hij een stuk wit papier tevoorschijn dat hij op buikhoogte voor zich houdt. Het is de achterkant van zijn eigen rugnummer waarop hij een tekst heeft geschreven:

FORZA FABIO

STAY STRONG MATE

Donderdag 6 augustus 2020, 18.15 uur, St. Barbara ziekenhuis, Sosnowiec, Polen

Sandra van der Meijden en Delore Stougje mogen, bij hoge uitzondering in verband met de corona-epidemie, een bezoek brengen aan Fabio, die na de operatie in een kunstmatige coma wordt gehouden. Vanmorgen bij aankomst in het hotel hebben ze direct een coronatest gedaan. Toen die negatief bleek regelde koersdirecteur Agatha Lang een bezoek. De coronaregels – Katowice ligt in oranje gebied – staan dat eigenlijk niet toe, maar de directeur van het ziekenhuis toont zich behulpzaam – er mogen maximaal twee familieleden komen.

Vanmol is meegekomen naar het ziekenhuis. Het gezelschap wordt ontvangen door, zoals het hun lijkt, de directeur van het ziekenhuis. Of hij ook daadwerkelijk de directeur is, is niet zeker, want de man spreek rudimentair Engels en is nauwelijks te volgen. Hij neemt zijn gasten mee naar zijn ruime kantoor, neemt plaats achter zijn bureau en begint een verhandeling over – dat is wel uit zijn woorden op te maken – zijn ziekenhuis en over hoe goed het staat aangeschreven. Uit beleefdheid blijven Sandra, Delore en Vanmol vriendelijk knikkend luisteren, maar er komt geen eind aan het verhaal en de naam Fabio is nog niet één keer gevallen. Wat wel duidelijk wordt is dat de man inhoudelijk niets kan vertellen over het letsel en de medische conditie van Fabio. Over hoe ze hem straks gaan aantreffen wordt ook niets duidelijk.

Als eindelijk het moment aanbreekt dat Fabio bezocht kan worden, benadrukt de directeur dat er slechts twee personen met hem mee mogen, waarop dokter Vanmol aanbiedt om achter te blijven in het kantoor. De directeur brengt Sandra en Delore eerst naar een ruimte waar ze een wit beschermend pak krijgen, een medisch mondkapje en haarnetje. Daarna lopen ze naar de IC-kamer waar Fabio ligt.

In het midden van een onwezenlijk groot aandoende, steriel witte kamer, zonder ramen en zijdeuren, zien ze Fabio van afstand liggen. Als ze dichterbij komen is het eerste wat opvalt hoe groot en opgezet zijn hoofd is en hoe bleek zijn huid – zijn teint is nauwelijks donkerder dan die van het laken waaronder hij ligt. Zijn gezicht zit vol hechtingen, zijn hoofd is kaalgeschoren en overal op zijn lijf zijn plakkers aangebracht. Fabio's neus lijkt te ontbreken en op zijn schedel zit een enorme bloeduitstorting. Met behulp van een canule in de hals is een beademingspijp in zijn luchtpijp gebracht. Onafgebroken klinkt de regelmatige piep van de hartmonitor, samen met het pompen van het beademingsapparaat, Fabio's borst beweegt mee met het geluid. Bij het hoofdeinde staan monitoren, infuuspalen en een drain voor het afvoeren van hersenvocht.

Stoelen zijn er niet, Sandra en Delore staan aan weerszijden van het bed, ieder met een hand voor hun mond van ontzetting, hun zicht wazig van de tranen. Als Delore haar vriend wil aanraken komt de directeur aangestapt. 'No, no, no!' Hij gebaart, wijzend naar zijn oren, dat praten geen zin heeft, Fabio kan hen niet horen. Toch fluisteren Sandra en Delore tegen Fabio. Losse woorden, delen van zinnen.

'Ach, jochie toch…'

Sandra kan de aanblik van de blote voeten van haar zoon, die bleek onder het laken vandaan steken, niet aanzien, het idee dat haar zoon misschien koude voeten heeft is onverdraaglijk. Met de grootste moeite weerstaat ze de neiging het laken naar beneden te trekken.

De angst, het verdriet, de ontzetting; ze worstelen om voorrang. Dat wordt nog versterkt door de onzekerheid. Want nog steeds heeft de ziekenhuisdirecteur niets meegedeeld over Fabio's conditie. Het wordt zelfs niet duidelijk of de man daar überhaupt zelf van op de hoogte is, want zijn Engels is zo abominabel dat Sandra en Delore soms twijfelen of het niet gewoon Pools is wat hij spreekt. Delore tegen Sandra: 'Maar wat hééft-ie nou…?'

Delore kijkt de directeur aan, wijzend naar haar hoofd, dan met een vragende blik een duim opstekend: '*Okay? Is his head okay…?!*'

'*Yes, yes, yes okay!*' klinkt het. De directeur trekt een grijns. '*All is okay!*'

Delore doet hetzelfde terwijl ze naar haar benen wijst. '*Can he move his legs…?*'

'Yes!' klinkt het weer. De directeur staat breed lachend voor haar, zijn duimen in de lucht.

Het lukt Sandra en Delore niet om hem te geloven. De hele setting, de kafkaëske toestand met het ellenlange promotiepraatje, de witte pakken, de directeur die staat te stralen alsof hij zijn finest hour beleeft, het geeft allesbehalve geruststelling. De manier waarop de directeur zich opblaast en niets wezenlijks lijkt te weten van de patiënt, zijn jubelstemming, Sandra en Delore halen er geen enkel vertrouwen uit. Het komt ook door hoe Fabio eruitziet en alle apparaten om hem heen die daar met geen enkele andere reden lijken te staan dan om zijn lijf aan de gang te houden. Als ze kort daarop via een zijingang het ziekenhuis verlaten – wegens fotografen bij de hoofdingang – zijn Sandra, Delore en Yvan niets wijzer, behalve dat, zo begrijpen ze vlak voor vertrek nog wel, Fabio nog minimaal twee dagen in coma wordt gehouden.

Donderdag 6 augustus 2020, 22.35 uur, Hotel Park Inn, Katowice, Polen

De familie Jakobsen, Delore en haar moeder Carola stappen voor Hotel Park Inn uit een taxi. Ze zullen de komende dagen in dit hotel verblijven, de organisatie van de Ronde van Polen heeft er drie kamers gereserveerd. Als ze naar de entree lopen zien ze de bus en de ploegleiderswagens van EF Procycling staan, de ploeg van Julius van den Berg. Thijs Jakobsen pakt zijn telefoon. 'Julius, we zitten in hetzelfde hotel. Zullen we elkaar even treffen?'

Twee minuten later, bij de aanblik van de ouders, zus, vriendin en schoonmoeder van zijn vriend springen Julius de tranen in de ogen en het lukt hem niet om een woord uit te brengen – het is alsof een onzichtbare hand zijn keel dichtknijpt. Ook als die greep kracht lijkt te verliezen en Julius' mond weer in staat lijkt om iets te zeggen, komen er alleen wat losse woorden en flarden van zinsdelen naar buiten.

Thijs Jakobsen stapt naar voren en drukt Van den Berg stevig tegen zich aan. Corona of geen corona.

'Rustig maar jochie, komt goed...'

Gepraat wordt er nauwelijks. Niet omdat er niets te zeggen valt, maar omdat iedereen elkaar begrijpt.

De volgende dag, tijdens de derde etappe, stapt Julius van den Berg na ongeveer 100 kilometer af. Het lukt hem niet om zijn gedachten te stoppen, hij voelt zich geen moment op zijn gemak in het peloton, hij is uitgeput en angstig. Van het ene op het andere moment voelt hij dat het klaar is – het hoofd beurs van de maalstroom, de benen leger dan hij ze ooit heeft gevoeld.

In het hotel, zittend op zijn bed, belt hij Froukje: 'Ik ben afgestapt. Maar het is geen keuze of zo, het gaat gewoon niet meer...'

Vrijdag 7 augustus, 16.30 uur, Hotel Park Inn, Katowice, Polen

Delore, Sandra, Marloes en Carola zijn op aanraden van de psycholoog van de ploeg de stad in gegaan – even de zinnen verzetten. Thijs had geen zin mee te gaan, hij bleef liever in het hotel. Nu zit hij aan de bar van de hotellobby. Voor hem staat een kop koffie, hij bladert wat in een Poolse krant, tot hij een foto tegenkomt van zijn zoon in betere tijden, zijn armen triomfantelijk in de lucht gestoken na weer een overwinning.

De barkeeper is bezig met een bestelling. Achter hem, tegen het plafond aan, staat een tv aan. Thijs werpt er af en toe een blik op. Als hij dat weer doet schrikt hij op. Voor de entree van het ziekenhuis waar zijn zoon ligt ziet hij, voor een menigte van camera's en microfoons, de ziekenhuisdirecteur staan. Hij veert op, gebaart snel de barkeeper, wijst naar de tv. '*What is he saying...?*'

De barkeeper draait zich om, richt zijn blik omhoog, luistert even.

'*He's awake.*'

Thijs is verbijsterd, hij weet niet beter dan dat pas morgen, op zijn vroegst, wordt geprobeerd zijn zoon uit zijn coma te halen. Nu staat de ziekenhuisdirecteur, zichtbaar in zijn element voor de camera's, met een zelfgenoegzame blik het nieuws te brengen dat hij, Thijs, in een normale wereld als allereerste zou hebben gehoord.

Op hetzelfde moment beginnen Sandra, Marloes en Delore in het centrum van Katowice, talloze berichtjes te ontvangen.

'*Is Fabio wakker?!*'

'*Ik lees dat hij wakker is, klopt dat?*'

'*Hij is wakker, wat fijn! Ben je bij hem?*'

Ze kijken elkaar in verwarring aan, kunnen geen van de vragen beantwoorden en hebben al helemaal geen idee of de berichten kloppen. Dat verandert als Delore na ongeveer tien minuten een appje ontvangt van perschef Ward Callens. Hij is zojuist gebeld door een ploegleider uit de koers. Op de koersradio, het communicatiesysteem waarmee de organisatie en jury tijdens de koers communiceren met de ploegen, is het bericht ook al gedeeld: Fabio Jakobsen is wakker.

Delore belt Yvan Vanmol, die direct opneemt, Vanmol vertelt dat hij al bezig is te proberen het ziekenhuis te bellen en belooft dat hij terugbelt als hij meer nieuws heeft. Marloes belt Agatha Lang, de directeur van de Ronde van Polen. Ook Lang heeft de berichten gehoord, maar ze kan niets bevestigen. Ze geeft Marloes een nummer dat ze kan bellen in het ziekenhuis. Als ze dat nummer belt volgt de bevestiging. Fabio is wakker.

Zaterdag 8 augustus 2020, 14.30 uur, St. Barbara ziekenhuis, Sosnowiec, Polen

Fabio hoort iets bekends. Dan ziet hij, bij zijn voeteneinde, twee wazige gestalten zijn gezichtsveld binnenstappen. Hij herkent de ogen van zijn vader en die van zijn vriendin, de rest wordt verhuld door een mondkapje en een haarnetje.

Het tempo van de piepjes van Fabio's hartmonitor versnellen. Zijn ogen vergroten zich en hij begint als een razende te slikken, zijn gehavende mond heeft moeite het vele speeksel, door de emotie opgewekt, weg te werken.

'Rustig maar, jochie, wij zijn hier...'

Fabio maakt een knikkende beweging, sluit even zijn ogen. Dan tilt hij zijn rechterarm op en tikt met de wijsvinger van zijn rechterhand op zijn linkerpols.

'Je wilt weten hoe laat het is? Het is zaterdag, halfdrie. Je bent hier al drie dagen.'

Fabio wijst met zijn rechterwijsvinger naar zijn borst en direct daarop steekt hij hem in de lucht. Thijs en Delore kijken elkaar kort aan, twijfelend of ze het goed begrijpen.

'Bedoel je nou dat je hebt gewonnen, jongen?'

Geknik.

'Weet je wat er is gebeurd?'

Fabio schudt licht zijn hoofd.

De artsen die hem gisteren wakker hebben laten worden, hebben Fabio verteld dat hij is gevallen en dat hij heeft gewonnen. Ze lieten hem een foto zien van zijn gezicht op het moment dat hij werd binnengebracht. Fabio herkende niets van zichzelf, moest denken aan een aangereden dier. Toen stelden de artsen vooral vragen.

'*Can you hear us?*'

'*Can you move your feet?*'

'*Do you remember what happened?*'

Het zijn allemaal vragen die bedoeld zijn om de schade te inventariseren. Scans hadden geen schade aan hersenen en zenuwstelsel aan het licht gebracht, maar zekerheid is er pas als een patiënt wakker is en daadwerkelijk blijkt dat hij alles nog kan bewegen en normaal reageert op prikkels.

Wat de artsen in hun ijver vergeten aan Fabio te vertellen, is dat hij buiten levensgevaar is en dat er, zoals het zich laat aanzien, geen blijvende inwendige schade is. Het gevolg is dat hij vanaf nu, vrijdag, tot zondag, drie dagen lang panisch van angst is om te sterven. Het ironische is dat op donderdag, terwijl hij nog in coma ligt, de hele buitenwereld al weet dat het levensgevaar is geweken en hij dat zelf pas zal horen op zondag, de derde dag dat hij bij kennis is. Hij leidt het af uit wat dokter Vanmol hem zondagmiddag met tranen in de ogen zegt.

'Je hebt heel veel geluk gehad Fabio, het is een mirakel. Ze hebben niets kunnen vinden aan schade en je kunt alles nog bewegen.'

Tot dat moment dacht hij de tientallen keren dat hij wegzakte, vermoedelijk door een combinatie van medicatie, vermoeidheid en zijn hersenkneuzing, dat het voorbij was. Iedere keer dat hij vanuit zijn voeten een warm, tintelend gevoel naar boven voelde komen, en dat gevoel zijn hals bereikte, dacht hij: daar ga ik, nu ga ik dood. Het volgende moment was hij weg. Dat hij naderhand steeds weer bijkwam stelde hem niet gerust, daarvoor was de heldere boodschap van Yvan Vanmol nodig.

Nu op zaterdag, bij hun eerste bezoek aan Fabio, hebben Thijs en Delore daar nog geen weet van. Ze vertellen Fabio rustig en bedaard over wat er is gebeurd en over wat ze denken dat Fabio wil weten. Over de sprint, over Dylan Groenewegen die hem de hekken inreed, over de man met fotocamera die zijn val brak, de paniek bij zijn ploeggenoten. Aan de hand van vragen waarop alleen een ja of nee – knikken of schudden – volstaat, proberen ze er achter te komen wat Fabio wil weten.

Delore heeft zojuist bij de receptie van de IC gevraagd of ze nu eindelijk een arts te spreken kan krijgen die kan vertellen wat haar vriend mankeert. Ze kreeg te horen dat die pas overmorgen, op maandag, beschikbaar is. En dus heeft ze nog steeds geen zekerheid en kunnen zij en Thijs alleen afgaan op hun eigen waarneming. Ze zien dat Fabio zijn armen en benen licht beweegt, maar ook dat hij ineens gips om zijn rechterarm heeft én dat hij, in tegenstelling tot twee dagen geleden, ineens weer een neus lijkt te hebben, zij het verborgen onder het verband.

Delore geeft Fabio zijn telefoon, waarvan ze gisteravond alle socialmedia-apps, waaronder WhatsApp, heeft verwijderd. Als hij een vraag heeft kan hij die met zijn goede hand intypen. De onbegrijpelijke lettercombinaties die er op het scherm verschijnen wekken de indruk dat hij er maar half bij is. Maar niets is minder waar. Er ontgaat hem niets en achteraf kan hij ieder detail van de ontmoeting terughalen.

Van de val weet hij niets meer, net zomin als van de laatste fase van de race. Een van zijn laatste herinneringen voordat alles zwart is geworden: de ingetogen groet van zijn vriend Julius van den Berg, aan de overkant van de weg.

Als Delore en Thijs het ziekenhuis verlaten zijn ze aangedaan en een heel klein beetje opgelucht, al zijn ze nog steeds niets wijzer, los van wat ze zelf hebben kunnen constateren – Fabio is wakker, hij herkent hen, hij kan zijn ledematen bewegen en hij kan enigszins communiceren. Een medisch rapport hebben ze nog steeds niet gezien.

Dat laatste volgt een dag later, op zondag, als het Yvan Vanmol eindelijk lukt om een arts te spreken die, in verstaanbaar Engels, weet te vertellen wat de schade is: hersenkneuzing, scheurtjes in de schedel, gebroken neus, gebroken en gescheurd gehemelte, boven- en onderkaak deels weggeslagen, tien tanden kwijt, snijwonden in het gezicht, oorschelp ingescheurd, gebroken duim, gekneusde longen, gekneusde schouder, gekneusde billen. Dat zijn stembanden deels verlamd zijn komt pas een week later, terug in Nederland, aan het licht.

Die zondagmiddag hoort een oudere man, wonend in Heukelum, zijn telefoon:

Plop… tik…

Hij loopt naar zijn telefoon pakt hem op, opent het bericht:

Lieve opa en oma. Het gaat heel goed met me. Tot gauw, groetjes Fabio.

Als opa Van der Meijden de woorden heeft gelezen begint hij direct met zijn schouders te schokken, de tranen stromen over zijn wangen. Zijn vrouw ziet hem zitten, pakt de telefoon, leest het berichtje en gaat naast hem zitten. Dan zitten ze samen te huilen.

Vrijdag 14 augustus, 15.05 uur, Leids Universitair Medisch Centrum, Leiden, Nederland

Het is negen dagen na de crash in Katowice. Een grote luxe witte auto, geleend van een vriend – die van Thijs Jakobsen wilde niet starten – draait het parkeerterrein van het Leids Universitair Medisch Centrum af. Thijs zit achter het stuur. Het is warm, de temperatuur gaat richting de dertig graden. Hij remt af, wil de airconditioning inschakelen, maar kan zo snel geen wijs uit de veelheid aan knoppen en lichtjes op het dashboard van de leenauto. Een zucht.

Dan leunt zijn zoon Fabio, zittend in de bijrijdersstoel, naar voren. Hij kijkt even goed en duwt met zijn linkerhand – de rechter is verbonden – op een knop.

'Zo. Dat is hem.'

Op de achterbank kijken Sandra van der Meijden, haar dochter Marloes en schoondochter Delore elkaar kort aan. Is dit echt?

Buiten Leiden draaien ze heel even de A4 op in de richting van Amsterdam, om hem vervolgens direct te verlaten voor de A12 in de richting van Utrecht. De enige die praat is Fabio. Dat gaat met weinig volume en steeds, voordat hij iets zegt, brengt hij een vinger naar zijn hals. Dat is op instructie van de arts, want zo houdt hij druk op de wond en voorkomt hij dat er lucht doorheen stroomt. Vanmorgen is de tracheacanule uit zijn hals verwijderd en de wond gehecht.

Als ze tussen de weilanden door in oostelijke richting rijden, wijst Fabio naar buiten.

'Kijk pa, zie je dat baantje? Daar hebben we nog een keer een cross gedaan!'

'Is ook zo, jochie!'

Fabio klapt de zonneklep open en schuift het schermpje van het spiegeltje opzij. Via de spiegel kijkt hij zijn moeder aan, daarna kijkt hij opzij naar zijn vader.

'Pap, mam, ik heb nog een vraag… Deloor en ik gaan niet naar Monaco. Dat mooie weer en dat van die belasting: het zal wel. Mag ik nog een tijdje thuis blijven wonen?'

'Zo lang je wilt, jochie.'

‘Het valt echt mee, Faab…’

Vrijdag 28 augustus, Heukelum

Het is veertien dagen geleden dat Fabio thuiskwam vanuit het ziekenhuis in Leiden. Froukje en Julius rijden zuidwaarts over de A2, dochtertje Sterre zit achterin. Ze bekennen aan elkaar dat ze zenuwachtig zijn. Dat ze niet weten hoe te reageren straks, hoe ze zich het best kunnen gedragen. Waar ze voor vrezen is dat het ze niet lukt om hun eerste reactie te verbergen op het moment dat ze Fabio’s gezicht zien. Ze spreken af om tegen Fabio, ongeacht hoe hij eruitziet, te zeggen dat het ze eigenlijk alleszins meevalt. Als ze hun auto hebben geparkeerd in de straat van de familie Jakobsen, kijken ze elkaar even kort aan over het dak van de auto heen.

Daar gaan we dan.

Thijs Jakobsen doet open. Er volgt een ingetogen, maar hartelijke begroeting, waarna Thijs de twee doorverwijst naar de garage. ‘Loop daar maar langs, daar zijn ze.’

Eerst komen ze Delore tegen. Die stapt direct naar voren, pakt Froukje stevig beet, dan Julius, dan Sterre.

Fabio staat achter in de garage, in de hoek. Hij staat met zijn rug naar de gasten, zodra hij ze hoort draait hij zich langzaam om. Froukje en Julius schrikken. Niet van zijn gezicht, want dat kunnen ze nog niet goed zien. Het is vooral zijn lichaamstaal. Fabio staat wat ineengedoken, met zijn schouders naar voren, weifelend naar de grond te kijken, steeds af en toe even omhoogkijkend. Het is een poging om zijn gasten niet te laten schrikken van zijn gezicht, ze even te laten wennen. Froukje: ‘Dat was Faab niet. Normaal als hij ergens binnenkomt, dan komt er echt iemand binnen. Hij was zo dun, zo bleek, hij leek zo onzeker. Ik vond het vreselijk om te zien.’

Fabio: ‘Hé, wat goed om jullie te zien…’ Hij stapt naar voren. ‘Jongens, het maakt me niet uit dat het corona is, ik wil jullie even beetpakken.’

Nu zien Froukje en Julius zijn gezicht, zijn tandeloze mond, zijn littekens. Maar toch: waar ze zich op hadden voorbereid weten ze niet goed, maar in ieder geval op iets ergers dan dit. Fabio's gezicht is gehavend, maar het is nog wel het gezicht van Fabio. Zijn stem klinkt hetzelfde, al is het met weinig volume en slist hij een beetje. En hij heeft moeite de v en de f goed uit te spreken.

'Het valt echt mee, Faab...'

Later, aan de keukentafel, lijkt de deken van ongemak en zwaarte over de ontmoeting al snel te worden weggetrokken. De bezoekers wilden maximaal een uurtje blijven, maar het is Fabio die het bezoek steeds probeert te rekken. 'Willen jullie niet nog een koffie? Wil je ook soep?' Als Froukje vraagt of Fabio Sterre even op schoot wil hebben, zegt hij dat dat hem niet verstandig lijkt. 'Ik wil niet dat ze van me schrikt...' Later, als hem duidelijk is dat het meisje geen enkel ongemak voelt, neemt hij haar op schoot. Er wordt een foto gemaakt.

Daar zit hij. Kilo's afgevallen, bleek, gezicht vol littekens, haar gemillimeterd, met op schoot het drie maanden oude dochtertje van zijn vriend Julius. Niemand ontgaat de lading van het beeld, niemand vindt het nodig om het te benoemen.

Het moment breekt aan dat Fabio en Julius hun oude vertrouwde positie tegenover elkaar innemen – inclusief het elkaar de maat nemen. Als er bij Fabio een stukje pompoen uit de soep blijft hangen aan zijn lip, door de val en de operaties nog grotendeels gevoelloos, roept Julius: 'Hé pik, er zit een stuk pompoen op je lip, man!'

Froukje: 'Juul, dat kan je niet zeggen!'

Later, vlak voordat Froukje en Julius weer vertrekken: 'Hé Julius, wil je de doorligplekken op m'n kont even zien? Hier, pak aan.'

Als Froukje en Julius een kwartier later Heukelum uit rijden zijn ze blij en opgelucht. Fabio is nog steeds Fabio, dat is nu zeker. Net zoals het zeker is dat de band tussen Fabio en Julius, Delore, Froukje én Sterre sterker is dan ooit.

Oorlogsverslag van Renaat Schotte

De impact van Fabio's val blijft, vanzelfsprekend, niet beperkt tot zijn intieme kring. De hoeveelheid aandacht die de val en de nasleep krijgen in de media is ongekend. Wielervolgers zitten dagenlang bijna onafgebroken hun Twitterfeed te verversen en op tv, radio en internet worden alle nieuwtjes – zelfs als die inhouden dat er geen nieuws is – breed uitgemeten.

De uitwerking op het rondreizende wielercircus, noem het Fabio's werkkring, is levensgroot. Renners zijn concurrenten, maar nog veel meer collega's die zich ophouden in een extreem concurrerende en veeleisende omgeving – dat smeedt een band die misschien alleen renners onderling kennen. Overkomt een van hen iets vreselijks, dan raakt het ze allemaal. Valt er eentje, dan vallen ze allemaal mee. Dat was een jaar geleden zo bij het dodelijke ongeval van Bjorg Lambrecht, nu geldt hetzelfde voor de bijna fatale val van Fabio. De kans op een val met levensbedreigende consequenties is voor iedere wielrenner een alledaagse realiteit, maar niet eentje waarbij vaak wordt stilgestaan. Sterker nog: als je dat doet kun je helemaal geen wielrenner zijn – het vermogen van een wielrenner om te presteren bestaat bij de gratie van zijn vermogen om zich af te sluiten voor de gevaren die horen bij zijn beroep.

Aan de finish in Polen lukt hen dat met geen mogelijkheid. Er zijn door de coronamaatregelen geen West-Europese journalisten aanwezig – op één na. Vlaming Renaat Schotte mag bij hoge uitzondering, zonder camera- en geluidsmensen, slechts uitgerust met zijn smartphone, voor de VRT verslag doen. En dan niet van de koers zelf, maar over het gegeven dat het een jaar geleden is dat Bjorg Lambrecht verongelukte. Voor de eerste etappe interviewt hij enkele renners, erna filmt hij met zijn telefoon de collectieve minuut stilte. Later die middag in Katowice legt hij, ongepland, vast wat de val van Fabio Jakobsen doet met de rest van het wielerpeloton.

De beelden staan nog op zijn telefoon. Als ik Schotte bel heeft hij ze ter voorbereiding, voor het eerst in bijna twee jaar, teruggekeken: 'Voor deze gelegenheid, anders denk ik niet dat ik ze ooit nog had bekeken.'

In Katowice staat Schotte een meter of driehonderd na de finish opgesteld, bij de verzorgers van Jumbo-Visma. Hij acht de kans dat Dylan Groenewegen de etappe wint het grootst en wil de reactie van diens ploeg filmen. Het is niet Schottes opdracht van de VRT, maar hij is er nu toch – en wie weet legt hij nog iets nieuwswaardigs vast. Schotte: 'Het was een prachtige dag, heerlijk weer en de sfeer was een beetje uitgelaten. Er werd weer gefietst, het peloton was na de lockdown weer in gang geschoten.'

Door de vertraging op de smartphone komen op zeker moment de eerste gefinishte renners voorbijrollen. Nogal een vervreemdende ervaring, want op het scherm van de verzorgers moet de finish nog plaatsvinden. Schotte: 'Dat was heel surreëel. Ook omdat er geen winnaar te zien was, niemand met een zegegebaar.' Schotte filmt op dat moment nog altijd, met zijn smartphone, de verzorgers. Tot een van hen plots een ongecontroleerde kreet slaakt.

Schotte: 'Dan weet je meteen: hier is iets goed mis. Vanaf dat moment ging het traag en snel tegelijk.' Schotte loopt – tegen zijn natuur in eigenlijk, maar in, zoals hij het zelf noemt, verslaggevingsmodus – onderwijl filmend, langzaam in de richting van de finishboog. Dat is nog een heel eind, hij kan hem door een bocht in de weg nog niet zien.

Onderweg ziet hij Remco Evenepoel totaal ontredderd voor zich uit staan kijken. Verderop roept Thomas de Gendt hem bij zich: 'Niet gaan kijken Renaat, het is te erg...' Schotte: 'Als ik eraan denk komen de haren op mijn armen opnieuw recht... Naarmate ik dichter bij de finish kwam kreeg ik steeds meer het gevoel in een oorlogszone te zijn beland – in zekere zin was het dat ook. Jasper Philipsen stond daar, die was ook gevallen. Hij had geen idee wat er was gebeurd. Er fietste een renner van Movistar voorbij met op zijn schouder de fiets van een ploeggenoot. Die zat zelf verderop, op de grond, een indrukwekkend verband om zijn nek...'

Schotte komt tot een meter of tien van de finishlijn. Hulpverleners zijn bezig met Fabio Jakobsen, voor en achter hen staat een ambulance opgesteld, een deel van de boarding is gebruikt om het tafereel aan het oog te onttrekken. Schotte blijft op afstand. 'Ik kan je verzekeren, zo'n aanblik, dat grijpt je naar de keel... Ward Callens, persvoorlichter van Deceuninck–Quick-Step, komt voorbij, vraagt Schotte niet meer te filmen dan noodzakelijk voor de verslaggeving. Schotte: 'Ik heb geen close-up gemaakt van het gebeuren, daar had ik geen enkele behoefte aan.'

Ongeveer 25 minuten na het ongeluk arriveert een brandweerwagen, daarna landt er een traumahelikopter. Schotte: 'Vooral die helikopter laat je beseffen dat het goed mis is. Dan weet je dat er iemand vecht voor zijn leven. Tegelijk zie je de gezichten van de dokters en verplegers almaar bedrukter worden. Intussen zijn we een halfuur verder en ligt hij daar nog altijd. Ik kan je verzekeren: dan weet niemand daar wat te doen overal waar je keek was totale ontreddering.'

Kort daarop komt een van de ambulances langzaam in beweging, maakt zich los uit de menigte. Begeleiders, verslaggevers en publiek kijken met een gepijnigde blik toe. Maar vooral de renners. Ze vrezen voor het leven van hun collega en tegelijkertijd is er niet één die niet beseft dat hij net zo goed zelf in die ambulance had kunnen liggen. Net zoals er niet één is die niet het eerstvolgende nieuws vreest.

Met dat nieuws, de volgende ochtend, zal de hoop groeien op een goede afloop, latere berichten versterken die. Het zorgt ervoor, samen met de wijze waarop Fabio later zal terugkeren – eerst als mens, later als renner – dat geen profwielrenner, in Polen aanwezig of niet, ooit nog onbevangen naar Fabio zal kijken. Omdat hij hen herinnert aan de enorme gevaren van hun sport, omdat hij een voorbeeld is van onverzettelijkheid en toewijding, maar misschien wel vooral omdat hij aan een zeker lijkende dood ontsnapte. De aanblik van Fabio Jakobsen geeft iedere wielrenner, van welk niveau ook, hoop. De hoop om, na wat voor tegenslag ook, weer de oude te worden – of misschien wel meer dan de oude.

Een jaar erbij

Julius keerde in paniek terug uit Polen, bang voor zijn eigen leven en dat van zijn vriend Fabio. De angst voor dat laatste nam af toen hij de volgende dag hoorde dat Fabio wakker was en buiten levensgevaar, en helemaal na het bezoek in Heukelum, twee weken later. De zorgen over zijn hart houden langer aan. Alle onderzoeken en groene lichten van een halfjaar geleden ten spijt, lukt het Julius maar niet om de angst voor een levensgevaarlijke hartafwijking van zich af te zetten.

Froukje komt in actie – dan maar alle testen nog eens doen. Dezelfde testen geven dezelfde resultaten en gelukkig doen ze ook hetzelfde met Julius – hij begint er weer in te geloven dat hij misschien toch in orde is. In combinatie met het fijne en geruststellende bezoek aan Fabio in Heukelum, maakt dit hernieuwde geloof dat hij in de loop van de week weer op de fiets stapt en zich begint voor te bereiden op het NK op de weg in Wijster, en drie dagen later het EK in Plouay.

Bij beide wedstrijden gaat het de eerste drie uren prima, maar daarna gaat het licht heel snel uit. In Wijster stapt hij af, in Plouay wordt hij een na laatste. Waar het aan scheelt is onduidelijk. Het kan de stress van de afgelopen weken zijn, misschien een gebrek aan wedstrijdritme na de lockdown, misschien een combinatie. Julius weet dat hij wedstrijden nodig heeft om beter te worden en zich te kunnen tonen, maar zijn ploeg rijdt de komende weken alleen de Tour de France en daarvoor staat hij niet op de lijst. En dus is het wachten op – hopelijk – de BinckBank Tour en later de Vuelta a España.

Begin september maakt een onverwachte wending een einde aan de onzekerheid over Julius' contract. Net als veel andere ploegen moet EF, als gevolg van door corona teruglopende sponsorinkomsten, snijden in de kosten om overeind te kunnen blijven. Daarom wordt de renners een aanbod gedaan: lever in op salaris en word beloond met de garantie van een extra contractjaar. Julius gaat net als de meeste andere renners in op het aanbod.

Het houdt voor hem in dat hij de rest van het jaar veertig procent minder gaat verdienen. Maar vooral dat hij minimaal nog een extra jaar beroepswielrenner is. Het is een pak van zijn hart.

Revalideren met ome Cor

Als Fabio op 15 augustus wordt ontslagen uit het ziekenhuis in Leiden, is een terugkeer naar het profpeloton nog niet één keer ter sprake gekomen. Toch, zo vertelt hij achteraf, begon het nadenken daarover al op de dag dat hij op de IC bij bewustzijn kwam. Bij thuiskomst wil hij zich nog dezelfde middag naar zijn persoonlijke osteopaat laten rijden: 'ome' Cor van Wanrooij, een midtachtiger, vermaard en geroemd door het aantal geblesseerde sporters dat hij weer aan de praat kreeg. Delore overtuigt Fabio ervan om nog een dag te wachten. Ze belt Cor en maakt een afspraak voor de volgende ochtend.

Fabio is al sinds zijn tijd bij SEG vaste klant bij Cor, op aanraden van Michiel Elijzen. Cor kan door zijn goede naam kieskeurig zijn bij het aannemen van nieuwe patiënten. Ben je eenmaal patiënt, dan is het niet vanzelfsprekend dat je dat blijft – alleen de sporters die de kracht- en lenigheidsoefeningen die Cor voorschrijft ook daadwerkelijk uitvoeren zijn zeker dat ze mogen blijven komen. Lig je op Cors tafel en hij merkt dat je veel minder soepel bent dan je zou moeten zijn, dan kun je een nieuwe afspraak vergeten. Fabio bezoekt Cor onder normale omstandigheden minimaal twee keer per maand – voor en na trainingskampen, na een val, als hij een pijntje heeft of een belemmering voelt en voor belangrijke koersen. Nu, na zijn val, merkt hij dat zijn lijf volledig vastzit, alles doet zeer. Om te voorkomen dat zijn spieren en pezen doordat ze gaan verkleven langer dan nodig of zelfs permanent onwillig blijven, wil hij direct beginnen met het herstel. 'Veel mensen hebben de neiging na een val of een ongeluk eerst maar eens rust te nemen en daarna rustig aan te beginnen met revalideren. Maar volgens mij is het juist heel belangrijk om daar niet op te bezuinigen, je moet meteen doorpakken.'

De eerste weken na zijn thuiskomst ziet Fabio ome Cor om de twee à drie dagen. Cor begint heel voorzichtig met het losmaken van zijn lijf en stap voor stap intensiveert hij de behandeling. Het is Cors overtuiging dat

Fabio's extreme lenigheid, veroorzaakt door de oefeningen uit zijn eigen koker, de gevolgen van de val aanzienlijk hebben beperkt. Fabio: 'Ik twijfel daar niet aan. Wie stijf is krijgt bij een val veel ernstiger blessures. Met een stijf lijf met spieren die niet meebewegen is het óf een spier die scheurt óf een bot dat breekt. Als je lijf zo lenig is dat het zich als het ware kan vouwen, scheur je minder spieren, breek je minder botten.'

Fabio kan op de dag van zijn thuiskomst dan niet meteen afreizen naar Cor, hij vraagt wel zijn vader om zijn Tacx – een fietstrainer waarop je je fiets monteert – klaar te zetten. De reden: hij wil kijken of hij de fietsbeweging nog kan maken. Nadat hij zich met veel moeite op het zadel heeft gehesen, blijken de benen inderdaad nog rond te kunnen draaien, maar verder is het een weinig succesvolle exercitie. Hij kan niet anders dan scheef zitten, heeft veel last van zijn gekneusde billen en zijn schouder, en zijn rechterhand – met gebroken duim – kan hij niet op het stuur leggen. Delore ziet het met lede ogen aan, maakt er een filmpje van en stuurt het door naar de dokter. Die reageert snel: 'Ik begrijp dat hij dit doet, maar het is beter van niet, in elk geval niet bevorderlijk voor zijn herstel.'

Vanaf dit moment belooft Fabio om voortaan, voordat hij weer iets nieuws onderneemt, het eerst aan Delore voor te leggen, zodat zij het met de dokter kan bespreken. Het is het moment dat Delore de rol op zich neemt van wat in huize Jakobsen gekscherend 'chef Hersenschudding' wordt genoemd – ze gaat mee naar alle doktersafspraken, remt hem af wanneer nodig en zorgt dat hij waar nodig wordt beschermd tegen alle aandacht van buiten.

De chef Hersenschudding regelt ook het bezoek – familie en vrienden willen graag langskomen, maar de bezoeken worden beperkt tot maximaal één per dag. En ze moeten niet te lang blijven. Als Delore merkt dat Fabio moeilijk uit zijn woorden begint te komen, een teken van vermoeidheid, laat ze het bezoek weten dat het voor de patiënt beter is dat hij even gaat rusten.

Fabio slaapt veertien tot zestien uur per dag en verder houdt hij zich – deels noodgedwongen – heel rustig. Geen tv, geen telefoon, geen radio, de gordijnen het grootste deel van de dag gesloten. De eerste dagen is hij na het ontbijt meteen zo moe dat hij op de bank weer in slaap valt. Dat ontbijt, net als lunch en diner, bestaat uit smoothies en shakes uit het ziekenhuis met chocoladesmaak, barstensvol calorieën. Dat is nodig – Fabio is sinds zijn val zo'n acht kilo afgevallen. Vast voedsel eet hij pas na een paar weken weer, maar dat kan alleen met hele kleine hapjes – op één na zijn al zijn tanden immers verdwenen. Hij moet op een nieuwe manier leren eten – in het begin gebeurt het vaak dat het eten door het gemis van zijn tanden weer uit zijn mond valt. Zich wassen kan Fabio aanvankelijk door zijn gehavende rechterhand en linkerschouder ook niet, wekenlang neemt Delore dat op zich.

Natuurlijk is er ook pijn. In Polen viel die door de pijnstillers erg mee, eenmaal in het ziekenhuis in Leiden voelt hij pas voor het eerst zelf dat zijn lijf bijna volledig gekneusd is. Ook zijn hand en gebroken duim doen veel pijn. Het verwijderen van de circa honderdvijftig hechtingen uit zijn mond en gehemelte is een martelgang van meer dan twee uur, maar Fabio, zweet op het hoofd, doorstaat het zonder morren: 'Ik wilde naar huis en daarvoor moesten eerst die hechtingen eruit. Dus dan maar aftellen: iedere hechting eruit is er eentje dichter bij huis.'

De revalidatie gaat stap voor stap, niets wordt overhaast, Fabio ondergaat wat hij moet ondergaan, waar mogelijk probeert hij invloed uit te oefenen op zijn herstel. Door Cor te bezoeken, door wandelingetjes te maken, door oefeningen te doen. Die wandelingetjes zijn aanvankelijk een blokje om, later worden ze langer. In het begin laten dorpsgenoten hem met rust, later wordt hij geregeld aangesproken. Op momenten dat hij niet de energie heeft om zijn hele verhaal te doen houdt hij die gesprekjes kort – hij wordt er steeds handiger in.

Bij de media is nog niet bekend dat Fabio alweer thuis is en dat blijft geruime tijd zo. Genoeg mensen in het dorp die nagenoeg alles wat ze meemaken op Facebook zetten, maar als het over Fabio gaat sluiten ze de rijen. De interesse vanuit de media is overweldigend. Tv, radio, schrijvende pers, ze proberen op alle mogelijke manieren bij Fabio in de buurt te komen: via Delore, Delores zus Chanella, Fabio's ouders, Fabio's zus Marloes... Fabio's manager Eelco Berkhout adviseert ze om nergens op te reageren en ieder verzoek direct naar hem door te sturen, zodat hij het kan afhandelen. Wat in dit geval betekent: afwijzen. Talkshows lijken een wedloop te houden wie hem als eerste aan tafel heeft. Enkele laten weten dat hij mag komen wanneer hij wil, zelfs dat hij mag bepalen wie de overige gasten zijn. Maar hij wil niet – hij heeft geen enkele behoefte om zijn verhaal op tv te vertellen, wil alle energie bewaren voor zijn herstel. Daar komt nog bij dat er überhaupt nog niets zinnigs te vertellen valt over waar zijn revalidatie hem brengt. De mensen die het belangrijkst voor hem zijn weten hoe het met hem gaat, dat is het voornaamste, de rest komt wel. Omdat Fabio en Delore begrijpen dat ze wel zo nu en dan íéts naar buiten moeten brengen, posten ze af en toe iets over het herstel op Instagram. Zoals op 1 oktober, met een foto van Fabio, staand in de tuin van zijn ouders, pet op en van achteren gefotografeerd, boven hem een vliegtuig met spandoek met de tekst GET WELL SOON! FORZA FABIO. Bij de foto geeft hij een update over zijn genezingsproces en kondigt hij aanstaande operaties aan.

De eerste daarvan is begin oktober. Daarbij zal bot worden verwijderd uit zijn bekkenkam, dat vervolgens wordt geplaatst in zijn boven- en onderkaak – door de val tegen de dranghekken is het bot daar grotendeels verdwenen. Bij een volgende operatie, als het getransplanteerde bot voldoende is aangegroeid, zullen daar implantaten in worden aangebracht, zodat weer later een brug – met nieuwe tanden – kan worden geplaatst.

Al in de eerste helft van september, ruim een maand na de crash in Polen, stapt Fabio voor het eerst op de fiets. Samen met vader Thijs maakt hij een rondje rond Heukelum van ongeveer 30 kilometer. Op het moment zelf gaat dat prima, maar dat zijn lichaam een dergelijke inspanning totaal is ontwend, blijkt pas achteraf – aansluitend ligt hij drie dagen uitgeblust op de bank. Kort daarop komen ploeggenoten Zdeněk Štybar, Iljo Keisse en

Dries Devenyns vanuit België naar Heukelum gereden voor een gezamenlijk trainingsritje. Het is een ritje van niks, met misschien dertig per uur gemiddeld, maar Fabio is euforisch. Hij realiseert zich hoe graag hij fietst, hoeveel hij van zijn beroep houdt en hoe graag hij ooit weer wielrenner zou zijn. De profs krijgen na afloop niet de kans om hun fietsen schoon te spuiten, Thijs Jakobsen doet dat. 'Een fiets moet schoon, meteen na de rit.' Zdeněk Štybar: 'Wij waren eerlijk gezegd best gespannen van tevoren in de auto. Toen we terugreden waren we zo blij. Want hij was nog precies dezelfde Fabio. Het moest allemaal nog blijken, maar wij zeiden tegen elkaar zoiets van: die keert terug, honderd procent.'

Begin oktober, kort voor de operatie aan zijn bekken, trekt Fabio, op de Maasvlakte, tijdens een recreatief ritje met zijn schoonvader en een neefje van Delore, voor het eerst weer een maximale sprint. Zijn plan is om dat straks, na de operatie, te herhalen om dan te kunnen bepalen wat het effect is geweest van de operatie op zijn heup en de kracht in zijn linkerbeen.

Als de drie mannen een halfuur later terugfietsen richting Zuidland is de stemming uitstekend – Fabio heeft zijn sprint getrokken en nadat hij zijn benen stilhield en de eerste verzuring wegzakte, checkte hij zijn fietscomputer. Bij het zien van de cijfers schoot er even een warme gloed door zijn lijf. Het getal dat hij zag staan kwam heel dicht bij het vermogen dat hij trapte in gewonnen sprints op het hoogste niveau. Diezelfde middag ontvangt Fabio's trainer, de Nederlander Koen Pelgrim, een whatsappje met een foto van een fietscomputer.

'Ik kan het nog!'

Voorheen was het een doel om in topconditie te zijn voor een specifieke wedstrijd, nu probeert Fabio zo fit mogelijk te zijn voor zijn operatie: 'Hoe fitter ik de operatie inga, hoe beter mijn lijf is voorbereid op het laten genezen van de wonden, op het herstellen van de narcose, het verwerken van de medicatie.'

De operatie, verricht in Nijmegen, verloopt zoals gehoopt. Na de operatie kan Fabio, door het weggenomen bot uit zijn bekkenkam, drie weken niet op zijn linkerbeen staan. Hij beweegt zich voort op krukken of wordt geduwd in een rolstoel. Het herstel zal zes weken duren. Daarna is hij al met al zestien weken vrijwel inactief geweest.

Dokter Yvan Vanmol is vanaf de val onverminderd betrokken bij het herstel van zijn renner. De manier waarop Fabio daarbij te werk gaat maakt indruk op hem: 'Laat ik zeggen, de wijze waarop Fabio zijn revalidatie heeft aangepakt is voor mij tekenend voor de mens Fabio. Iemand die altijd zijn verstand bewaart, die zich niet laat opjagen, die de tijd neemt die nodig is... Hij heeft alles stap voor stap gedaan, altijd gewacht tot hij klaar was om een volgende stap te zetten. Ik heb zo veel sportlieden gezien die in hun revalidatie probeerden stappen over te slaan. In eerste instantie lijkt dat vaak niet contraproductief, maar op termijn altijd. Dat heeft Fabio vermeden en dat komt ook... laat ik zeggen, ik heb zelden een sportman gezien met zo veel inzicht in zichzelf als Fabio. Die weet wat hij kan, wat hij niet kan. Die iedere stap die hij neemt afgewogen heeft – wat zijn hiervan de voordelen, wat zijn de nadelen... Dat gebeurt bij hem op een heel natuurlijke manier. Na de operatie in oktober aan zijn heup en zijn kaken was er een moment dat het herstel iets trager verliep dan wij hadden voorzien, zo ongeveer een maand. Ook daar ging hij heel realistisch mee om.'

Vanmol zegt dat de wijze waarop Fabio zijn revalidatie benaderde toont dat de Fabio van voor het ongeluk dezelfde is als die van erna: 'Dat heeft natuurlijk alles te maken met het geluk dat hij heeft gehad dat er geen letsel was ter hoogte van de hersenen, dat er geen schade was aan de cortex, want dan zie je wel degelijk verandering aan het karakter. Ik ben er nog altijd van overtuigd: was dit gebeurd met bijvoorbeeld een klimmerstype, dan had je een heel andere uitkomst gehad. Fabio heeft een heel sterk lijf met heel sterke spieren en botten.'

Hij komt nog even terug op een eerdere opmerking: 'Nou vooruit, er is wel een verandering bij Fabio te bespeuren. Hij kan nu nog beter relativeren. Ook tijdens zijn revalidatie heb ik hem geregeld horen zeggen: "Wat is een maand op een mensenleven? Voor hetzelfde geld had ik nooit meer kunnen fietsen of zelfs nooit meer iets gekund. Dan ga ik toch niet klagen over een of twee weken langer revalideren?"'

Een laatste toevoeging, waarvan Vanmol vindt dat het niet onvermeld mag blijven: 'Het is waar dat de communicatie met ons in het ziekenhuis in Polen slecht was. Maar, en dat is het allerbelangrijkste, de bekwaamheid en kunde waarmee zij Fabio hebben behandeld, is absoluut levensreddend geweest. Er kwam met de helikopter een urgentiearts met zeer veel ervaring die zijn leven gered heeft, *daar gaan we kort op zijn*. En dan in het ziekenhuis, ja... het contrast met de communicatie richting ons was zo groot... we werden uitermate slecht op de hoogte gehouden. Er is een moment geweest dat ze mij vertelden dat Fabio, mocht hij erdoor komen, zware gevolgen eraan over zou houden. Een paar uur later zeiden ze dat het waarschijnlijk in orde ging komen. Het was een palet van het ergste naar zeer erg tot de hoop op volledig herstel in drie uur tijd. Maar die artsen daar, die hebben uitmuntend werk verricht. Die interventiearts eerst, want Fabio ging stikken in zijn eigen bloed... Men heeft daar, omdat er in dat gebied veel mijnbouw is, veel artsen die gespecialiseerd zijn in traumata. Daar heeft Fabio alle geluk mee gehad.'

Fabio, op de vraag of hij gedurende zijn herstel ooit somber of gedeprimeerd was: 'Nee, niet één keer. Nee, nee... Ik ben zo bang geweest en angstig dat ik het niet zou halen. Omdat ik ja... gewoon echt heel vaak het idee heb gehad dat ik dood zou gaan. Dat raakt je zo in je ziel en dan ben je zo blij met alles wat er nog is, dat je nog bestaat, zeg maar. Het kan wel eens slecht zijn, maar het is nooit meer zo slecht als hoe ik er daar toen bij lag...'

Somberheid is er niet, stress wel. In Leiden, bij het verwijderen van de canule uit Fabio's luchtpijp en een aansluitende check van de binnenkant van de luchtpijp en de keel, maakte Fabio uit een opmerking van de arts in opleiding tegen haar collega op dat er iets niet in orde lijkt. Als ze vervolgens Fabio vraagt om te proberen met zijn stem een hoog geluid te maken, ziet ze dat zijn linker stemband niet de beweging maakt die hij hoort te maken – hij blijkt verlamd. Zelf hadden Fabio en zijn familie al wel gemerkt dat zijn stem zachter was dan voorheen, maar dat weten ze aan het lang niet gebruiken van de stembanden en de pijp die tijdelijk in zijn luchtpijp was ingebracht. De arts in opleiding vertelt Fabio dat hij naar huis mag maar dat er wel een extra controle nodig is. Die volgt twee weken later. Met een naald die via de hals in de stembanden wordt gestoken – eerst in de goede, daarna in de gehavende – wordt getest in hoeverre de stembanden wanneer ze worden gebruikt een licht stroomsignaal geleiden. Al snel blijkt dat de linker stemband nauwelijks stroom geleidt.

Dat er wel énig signaal wordt doorgelaten is een grote opluchting – bij een niet werkende of volledig verlamde stemband was een terugkomst als profwielrenner direct uitgesloten geweest. Bij een maximale inspanning klappen stembanden namelijk als lamellen naar buiten om een zo groot mogelijke hoeveelheid lucht door te kunnen laten. Het laat zich raden wat het effect is als tijdens een sprint in de finale van een wielerkoers de helft van de lamellen gesloten blijft.

De kans dat de gehavende stemband binnen drie à zes maanden weer volledig functioneert wordt door de dokter geschat op negentig procent. Het is een op zichzelf prettig bericht vergeleken met dat van een volledig inactieve stemband, maar de kans van tien procent op uitblijvend herstel doet Fabio de weken erna geregeld huiveren. Zijn benen en de rest van zijn lijf lijken relatief ongeschonden en nog altijd geschikt voor topsport, het zou wel heel wrang zijn als iets ogenschijnlijk kleins als een onwillige stemband straks bepaalt dat Fabio's werkzame leven een heel andere invulling zal moeten krijgen. Hij vraag de arts of hij zelf invloed kan uitoefenen op het herstel, bijvoorbeeld door veel of juist weinig te praten, maar uit het antwoord blijkt dat hij niets anders kan doen dan afwachten en hopen. Het zorgt ervoor dat Fabio de dagen erna geregeld 's nachts naar het plafond ligt te staren. 'Ik had wel door dat het hiervan af ging hangen.' Bij flinke inspanning tijdens het trainingskamp in december (vier maanden na de val) voelt hij de koude wind nog steeds langs zijn stemband gaan, een gevoel dat hij niet kende van voor zijn val.

Maar de stemband herstelt zich. Bezoekers die een paar weken niet langs zijn geweest valt op dat Fabio's stem aan volume heeft gewonnen. Dat gaat zo geleidelijk dat zijn directe omgeving het niet opmerkt. Het herstel zet zich voort tot het moment dat Fabio in trainingen geen verschil meer ervaart met voorheen – hij voelt er geen wind meer langs stromen. Een test in het onderzoek bevestigt zijn vermoeden: de stemband gedraagt zich weer zoals het hoort.

En zo lijken alle lichten op groen te staan voor een terugkeer op het hoogste niveau. Voor wat betreft het fysieke gedeelte dan. De verwachting is dat, zodra Fabio de trainingsarbeid heeft kunnen verrichten die nodig is, hij weer in staat moet zijn om te functioneren als profwielrenner. Of dat als topsprinter zal zijn of in een andere, wellicht meer dienende rol, zal afhangen van wat er in zijn hoofd gebeurt op het moment dat hij weer terechtkomt in het gedrang dat hoort bij de aanloop naar een sprint, als het weer met zeventig per uur richting de finish gaat.

'A real racing head'

We zijn twee maanden na de val. Terwijl Fabio revalideert, probeert ook Julius de draad weer op te pakken. Bevrijd van de acute zorgen rondom zijn eigen gezondheid en die van Fabio, weet hij bij de BinckBank Tour en Gent-Wevelgem, beide begin oktober in coronajaar 2020, de ploegdirectie ervan te overtuigen dat zijn vorm weer groeiende is. Het resulteert in een selectie voor de Vuelta a España, dit jaar door corona extreem laat op de kalender: van 20 oktober tot en met 8 november. Het betekent zijn allereerste deelname aan een grote ronde. Het team gaat van start met twee kopmannen: de Colombiaan Daniel Felipe Martínez en de Brit Hugh Carthy. Bij de selectie zitten veel renners met wie Julius uitstekend overweg kan. Mannen als Mitch Docker, Logan Owen, Michael Woods en Hugh Carthy hebben een instelling die past bij die van Julius en die je zou kunnen omschrijven als *work hard, play hard*.

De Australiër Mitch Docker, behalve bekend als uitstekend knecht met een al even uitstekend humeur, is maker van de populaire podcast *Life in the Peloton* en bezitter van een indrukwekkende snor en dito 'mullet' (matje). Nadat ik hem app met de vraag of ik hem wat vragen mag stellen over zijn ploegmaat Julius: *'Yeah mate, sounds good.'*

Docker is tien jaar ouder dan Julius en rijdt sinds 2018 voor EF, het jaar dat Julius halverwege het seizoen aan de ploeg werd toegevoegd. Nog voordat Docker Julius zelf ontmoette bleek diens reputatie hem al vooruitgesneld. Van ploeggenoten hoorde Docker het verhaal van Julius die naar verluidt een opdracht van de sportdirecteur in de wind had geslagen. Docker: 'Ze zeiden dat hij iets tegen Charlie had gezegd van: rustig aan, ik weet hoe ik dit aanpak… Maar hij was nog maar een rookie toen. Dan ga je wel denken: *that's heading the wrong way.*' Docker vervolgt: 'Ik vond Julius aanvankelijk wat moeilijk in te schatten. Wat ik zag was dat hij een nogal sterk defensiemechanisme had. Als iemand een grapje maakte ten koste van hem, dan counterde hij dat direct. Ongeacht wie het was, ook al was het een oudere, alom gerespecteerde prof. *Made me think: Jesus, who is this guy?'*

Docker moest zijn mening al snel bijstellen: 'Het is grappig, Julius bleek eigenlijk zo ongeveer tegenovergesteld te zijn aan hoe hij aanvankelijk overkomt. Toen ik hem leerde kennen, vooral in de Vuelta van 2020, bleek dat we het geweldig konden vinden. Hij is heel erg open, stelt vragen, luistert graag naar mannen met meer ervaring dan hij. Hij is juist totaal niet arrogant. *He is actually a very sweet and humble guy.'* Docker kan Julius' aanvankelijke houding nu meer in perspectief plaatsen: 'We hebben allemaal onze verdedigingsmechanismen. De een wordt stil, de ander rent weg... *Julius' way is to show his balls really, and go: don't fuck with me.'*

In de Vuelta verlaat Martínez door een val al na enkele dagen de koers, daarna is Carthy de enig overgebleven kopman. Julius rijdt uren voor hem op kop van het peloton. De complimenten die het hem achteraf oplevert van ploeggenoten en ploegleiders doen hem goed. Op de rustdag aan de telefoon: 'Het is natuurlijk wel een beetje kut gegaan de laatste twee jaar. Dan vraag je je wel eens af: kan ik nog wel hard fietsen? Als het dan gaat zoals nu, is dat superfijn en dan ben je blij dat je echt een bijdrage levert. Daar haal ik superveel voldoening uit.'

Op de vraag of het rijden van een grote ronde wezenlijk anders is dan een andersoortige koers, krijg ik het soort antwoord dat ik inmiddels ken als typisch voor Julius: 'Nee hoor, het enige verschil is dat het wat langer is, haha.' Het is op dit soort momenten dat Julius' nonchalance niet bedoeld is om hemzelf of een ander gerust te stellen. Soms heeft hij die neiging: als hij gebukt gaat onder de stress die bij zijn beroep hoort, doet hij wel eens moeite de suggestie te wekken dat alles oké is ('Ja, gaat lekker man...'). Als hij, zoals nu, ontspannen is, vrij in zijn hoofd en kan doen waar hij goed in is, dan is hij zo ongecompliceerd als maar kan en nonchalant op een fijne, ontwapenende manier.

Mitch Docker praat met bewondering over de wijze waarop Julius zijn rol als collega-knecht invult. Beter dan hij gewend is van Nederlandse renners: 'Julius is gewoon heel betrouwbaar als ploegmaat. Mijn ervaring is dat Nederlanders, en dat geldt ook wel voor Australiërs, dus ik bedoel het niet vervelend, als ze voor hun team rijden, doen wat ze moeten doen, maar dat ze ook wel een beetje energie achterhouden. *They keep a bit in their back pocket for themselves.* Bij Julius zag ik daar niets van. *It was all on the line for Hugh.*' Docker haalt een etappe aan waarin hij, Julius en een derde knecht van de ploegleiding de opdracht kregen om op iedere aanval te reageren: 'Natuurlijk, je doet dan wat je is opgedragen, maar je moet ook bedenken: het is vandaag etappe acht van een wielerkoers van drie weken en het is nu kilometer 10 van een etappe van 200 kilometer. Dus normaal doe je alles met dat in je achterhoofd. Julius viel aan alsof het de laatste aanval was in zijn leven. Hij leek niet te denken aan de volgende dag, de volgende kilometer zelfs. Maar het was wat op dat moment nodig was voor het team. Voor mij liet hij daar zien hoe sterk zijn toewijding is aan de ploeg. En aan zijn beroep.'

Los van de toewijding en het schijnbare gemak waarmee hij zijn taken verricht en de Vuelta uitrijdt, is Docker vooral te spreken over Julius' capaciteiten als iemand die de koers kan lezen. 'Julius is een echte coureur. Veel jonge jongens van nu zijn zo sterk, je krijgt de indruk dat ploegen alleen kijken naar hun data, de waarden die ze kunnen trappen. Dat zegt niets over of je een racer bent, of je goed kunt sturen, weet wanneer je van voren moet zitten, weet hoe je daar komt – dat je het spel begrijpt, aanvoelt wanneer wat nodig is. Die dingen zijn superbelangrijk. *Julius has a real racing head on him.*'

Docker hecht eraan om aan het einde van ons gesprek een anekdote te vertellen die volgens hem toont uit welk soort hout Julius is gesneden. Van een collega-renner ving Docker op dat een soigneur van de ploeg toevallig in Amsterdam moest zijn, dat Julius daarvan hoorde en hem bij zich thuis uitnodigde voor koffie en zelfgemaakte appeltaart. 'Zoiets zie je zelden. In het profwielrennen wordt wel vaak gezegd dat renners en stafleden de grootste vrienden zijn, maar in de praktijk is er best een afstand, zijn het gescheiden werelden. Julius zou dit verhaal nooit uit zichzelf verteld hebben, ik hoorde het per toeval. Het kan Julius niets schelen of anderen ervan weten, hij nodigde die gast uit omdat het een aardige kerel is.'

Julius krijgt halverwege de Vuelta last van zijn linkerknie, een overbelasting door het vele klimwerk. Maar de pijn blijft draaglijk, het lukt hem om zonder al te veel problemen de ronde uit te rijden. Ook het klimmen zelf, in de Vuelta traditioneel loodzwaar, gaat hem goed af, niet één keer komt hij in moeilijkheden. Kopman Hugh Carthy wordt derde in het eindklassement en wint de etappe naar de mythische Angliru en ook Michael Woods en Magnus Cort winnen een etappe. Voor EF Pro Cycling eindigt het coronajaar 2020 met een knaller, de sfeer na afloop is uitgelaten.

Voor wat betreft Julius is de ploeg al even tevreden. En dan vooral over zijn werk voor het team. Zelf is hij blij en opgelucht. Hij voelt zich weer een volwaardig wielrenner, heeft weer eens gemerkt hoe goede benen voelen én er lijkt iets hoopgevends aan het licht te zijn gekomen. Waar anderen gedurende de drie weken doorgaans steeds iets minder worden, werd Julius deze ronde eigenlijk almaar beter. Tot het laatst kon hij zijn werk blijven doen – en soms meer dan dat. Het is een flinke opsteker met het oog op de toekomst, voor renner én werkgever.

Voor het eerst sinds hij vader is geworden, was Julius een maand van huis en hij heeft zijn dochtertje flink gemist, maar het goede gevoel op en naast de fiets maken dat hij op 9 november uiterst voldaan naar huis vliegt, zonder enige stress over wat hem mogelijk boven het hoofd hangt. Met een succesvolle eerste grote ronde op zak, net als een contract voor een nieuw seizoen én een voorspoedig revaliderende vriend in zijn achterhoofd, keert hij terug naar Amsterdam, een paar dagen later vertrekt hij met Froukje en Sterre naar Terschelling voor een vakantie.

Kijkend naar wat Julius dit jaar te verstouwen kreeg, is de manier waarop hij zijn seizoen beëindigt moeilijk anders te omschrijven dan als bewonderenswaardig. Scorebordjournalistiek schrijft voor dat we het succes van een sporter afmeten aan het aantal overwinningen, maar wie beweert dat Julius dit seizoen geen overwinningen behaalde, zit ver af van de waarheid.

'Er zijn zo veel manieren om er te komen'

Een doorsnee Nederlandse jongeman van drieëntwintig jaar studeert nog of heeft net zijn eerste baan. Hij beloopt een min of meer geleidelijke en natuurlijke weg, waarbij alles wat hij onderweg tegenkomt bijdraagt aan het volwassen worden. Een topsporter legt die weg een stuk sneller af. De ervaringen zijn extremer – de hoogtepunten hoger, de dieptepunten dieper. Topsport is al extreem en laat wielrennen dan ook nog eens een van de extreemste vormen ervan zijn, eentje die zowel qua fysieke inspanning als qua dynamiek onvergelijkbaar is met iedere andere sport.

Over dat laatste: om te beginnen mag het wielrennen op papier een teamsport zijn, in de praktijk is het dat in even grote mate niet. Je traint bijna altijd alleen en als je ploegmaat met jouw hulp een koers wint zijn de bloemen, de UCI-punten, de bijkomende carrièreperspectieven én de euro's voor hem. Natuurlijk, hij zal je bedanken, ook voor de camera's, maar wel op het moment dat jij allang onder de douche staat. Moegestreden, misschien voortijdig afgestapt.

De wielrennerij is een meedogenloos harde wereld, waarin het onmogelijk is om je te verstoppen als je even wat minder bent. Een voetballer die zijn dag niet heeft kan wat minder risico in zijn spel leggen en zo alsnog een bijdrage leveren aan het team – een voldoende halen. Ben je als renner niet in orde, dan heb je niets te zoeken in het peloton – je wordt er genadeloos afgereden en er is niemand die op je wacht. Zie je je ploeggenoten 's avonds in het hotel terug en hebben ze iets te vieren, dan doe je mee, maar eigenlijk voel je je opgelaten – je hebt niets bijgedragen en dus hoor je er niet bij. Pech daargelaten, heeft het in de wielrennerij geen enkele zin om je met een 'ja maar' te verontschuldigen voor een mindere prestatie of een mindere periode. Het doet er niet toe, je bent als wielrenner volledig zelf verantwoordelijk voor wat je laat zien.

Zo bezien is wielrennen eerder het tegenovergestelde van een teamsport. Heb je als renner succes, dan straalt dat op je af. Faal je, dan gebeurt hetzelfde. Presteer je niet, dan word je niet opgesteld in de belangrijkste koersen. Blijf je niet voldoen aan de verwachtingen, dan kun je een contractvernieuwing vergeten. Dat is zwaar, maar het schept ook duidelijkheid. Zo veel zelfs dat niemand erover klaagt. Het is zoals het is, anders had ik maar geen wielrenner moeten worden. *Survival of the fittest.*

Maar eigenlijk horen alle profrenners al bij de fittest. Zij zijn het die het tot een profbestaan schopten, terwijl al die duizenden andere rennertjes inmiddels ergens op een kantoor of in een magazijn werken. Het profpeloton is per definitie een keurkorps – iedereen heeft bakken talent, iedereen kan hard fietsen, iedereen kan hard trainen, iedereen kan afzien als een beest. Zie daar: het profpeloton is extreem – een snelkookpan met extreme karakters en extreme lichamen, die onder extreme omstandigheden extreme inspanningen moeten leveren. Wie daar überhaupt komt en zich vervolgens staande houdt, bezit een set eigenschappen waarop ieder ander jaloers mag zijn.

Toch ontstaat bij ons sportvolgers soms gemakkelijk de neiging om, vanuit onze luie zetel voor de tv, datgene waarvan wij vinden dat het bij een topsporter hoort te projecteren op de sporters op ons scherm. 'Waarom valt hij niet aan? Waarom traint hij dan niet harder? Waarom daalt hij nou als een oud wijf?'

Een geliefd onderwerp van spot is het niet ingeloste talent. Overkomen als een supertalent, maar later door wat voor oorzaken dan ook niet in staat blijken te voldoen aan wat de buitenwereld verwacht dat er bij dat talent hoort – het is soms alsof er geen groter misdrijf bestaat. Alsof dat megatalent van weleer ons moedwillig berooft van al die juichmomenten waarop wij toch zeker recht hadden. Wij vinden dat wie talent heeft dat ten volle moet benutten en keuren het af wanneer dat niet gebeurt. We vinden dat topsporters een beroepsernst aan de dag moeten leggen die recht doet aan hun fysieke talent. Het is een vermoedelijk in sterke mate door het calvinisme ingegeven standpunt, terug te voeren op de zogenoemde gelijkenis van Jezus over het vermeerderen van talenten – een munteenheid – en de straf voor wie dat nalaat.

Het verhaal, afkomstig uit het Nieuwe Testament, verteld door Jezus, gaat ongeveer zo: een man vertrekt naar het buitenland en draagt zijn drie dienaren op om op zijn geld (talenten) te letten tot hij terug is. De eerste dienaar overhandigt hij vijf talenten, de tweede krijgt er twee, de derde één. Als de man terugkeert vraagt hij hun wat ze met het geld hebben gedaan. De eerste heeft het geld geïnvesteerd: van zijn vijf talenten heeft hij er tien gemaakt. Het levert hem een beloning op van zijn meester. De tweede heeft ook geïnvesteerd – hij heeft van zijn twee talenten vier gemaakt. Ook hij wordt beloond. De derde heeft zijn geld begraven, uit angst dat hij het anders kwijt zou raken en vervolgens gestraft zou worden. Hij graaft het talent op en geeft het terug aan zijn meester. Die zegt hem dat hij een slechte, luie dienaar is – hij geeft zijn deel aan de dienaar die al tien talenten had. De luie knecht wordt buitengeworpen en verbannen.

Terug naar de jongens. Als je beroepsernst omschrijft als de drang en toewijding om het uiterste uit je talent te halen, dan zou je Fabio bijna als het ideaalbeeld kunnen omschrijven. Bij het trainingskamp van Deceuninck-Quick-Step in Calp in januari 2020 sprak ik met renners, ploegleiders en trainers over Fabio en telkens als ik hun de vraag stelde op welke terreinen Fabio nog wat liet liggen, werd het even stil. Fabio is een modelprof – en eigenlijk was hij dat al voor hij beroepsrenner werd. Alle voorwaarden voor een succesvolle loopbaan lijken aanwezig: intelligentie, toewijding, leergierigheid en bescheidenheid enerzijds, branie en een bijna grenzeloos zelfvertrouwen anderzijds.

Julius is niet minder slim dan Fabio, maar heeft een volstrekt andere persoonlijkheid. Hij is losser, intuïtiever, impulsiever en veel minder serieus. En zelfs wanneer hij wel serieus is wekt hij soms de indruk dat juist niet te zijn. Julius is een autonome persoonlijkheid, die zich niet bovenmatig bezighoudt met wat anderen van hem vinden. Sta je zo in het leven, dan ontstaat bij de buitenwacht, zittend in een luie stoel, gemakkelijk de verleiding je je flegmatieke houding aan te wrijven. Want als uitblinken de norm is, lijkt wie dat niet doet te falen.

Omdat in dit boek het verhaal van Julius parallel aan dat van Fabio Jakobsen wordt beschreven, zou het beeld kunnen ontstaan dat Julius zijn vak gemakkelijk opneemt, dat hij minder doet dan nodig is om zijn talent te kunnen inlossen. Maar is dat wel terecht? Welbeschouwd is Julius van de Berg een succesvol topsporter, die wordt geroemd door al zijn trainingsmaten, inclusief Niki Terpstra, iemand die bij uitstek bekendstaat om zijn beroepsernst. Volgens hem traint Julius altijd keihard en doet hij nooit moeilijk over een halfuurtje langer dan er in zijn schema staat.

Terpstra: 'Ik zou zeggen: ga eens een keer met hem fietsen. Die jongen kan belachelijk hard trainen. Maar je moet niet vergeten, die eerste jaren als prof zijn gewoon moeilijk. Er zijn nu ineens een paar jonge renners die in één keer goed zijn, maar dat is echt niet normaal. De manier waarop Julius zich ontwikkelt, dát is normaal. Je moet geduld hebben en elke wedstrijd die je mag rijden met beide handen aanpakken. En laten zien wat je waard bent.'

Cees Bol wijst op het niveau van de World Tour: 'Ikzelf heb me ontwikkeld als sprinter, dat is mijn geluk. Maar ook ik kan geen koersen domineren op dit niveau. Ik kan hooguit volgen, een goede lead-out opzetten en dan een koers winnen in de sprint. Dat ziet er op papier heel anders uit. Ik won bij de beloften zelfs een Ardennenklassieker. Ik kan je beloven: dat gaat op dit niveau nooit meer gebeuren. Als je zoals Julius niet echt een specialiteit hebt, is het gewoon heel moeilijk om je te onderscheiden. Er zijn er vijf, hooguit tien, die dat kunnen. Wacht maar, ik denk dat we het laatste van Julius nog niet hebben gezien.'

Laten we ook niet het patroon vergeten dat zich in Julius' loopbaan al vanaf het begin aftekent: steeds, bij de overgang naar iedere nieuwe categorie, heeft hij enkele jaren nodig om zich aan te passen. Dan, als hij zich het niveau heeft eigen gemaakt, begint hij zich te onderscheiden.

Bovendien zijn er zo veel routes richting succes als er succesvolle sporters zijn. Een weg naar succes die niet bij je persoonlijkheid past, bestaat niet. Jan Ullrich werd vaak verweten dat hij de teugels te ver liet vieren en te zwaar de winter uit kwam. Hij reageerde daar steevast schouderophalend op door te zeggen dat hij het simpelweg niet kon opbrengen om het hele jaar te leven als een monnik. Had hij dat wel geprobeerd, dan was hij op zijn vijfentwintigste gefrustreerd en opgebrand gestopt – de 'decompressie' buiten het seizoen had hij nodig om weer fris te worden. En wie kan beweren dat Jan Ullrich geen succesvol renner was? Fabio Jakobsen in juni 2018: 'Er zijn zo veel manieren om er te komen. Ik doe het ook maar op de mijne.'

Mocht je Fabio en Julius dan toch langs dezelfde meetlat willen leggen: goedbeschouwd is wat Julius doet vele malen normaler dan wat Fabio laat zien. Fabio is de extreme onder de extremen, Julius is de iets normalere tussen dezelfde extremen.

Dan een laatste overpeinzing. Hierboven wordt alles afgezet tegen de standaard van succesvol zijn, waarmee eigenlijk wordt bedoeld: winnen. Laten we niet vergeten dat het overgrote deel van de wielrenners nooit of heel zelden een koers wint. Kunnen wij over hen, topsporters die iedere dag een bijdrage leveren aan de overwinningen van anderen, die alle dagen keihard werken om aan de verwachtingen te voldoen, vanuit onze zetel zeggen dat zij niet succesvol zijn?

'Misschien vind je het wel heel stom dat ik dit geef...'

1 december 2020, IJburg, Amsterdam

Fabio en Delore zijn te gast bij Julius en Froukje in Amsterdam. Delore was er al eerder, Fabio had eerst nog een beladen afspraak in een Amsterdams hotel: de eerste ontmoeting met Dylan Groenewegen sinds Polen. Groenewegen had zijn advocaat meegenomen en Richard Plugge, CEO van Team Jumbo-Visma.

Waar Fabio voorafgaand aan de ontmoeting vooral op hoopte was een excuus van Groenewegen voor het veroorzaken van de val en in tweede instantie een verklaring over het waarom. Hij wil weten waarom gebeurde wat er gebeurde. Om het te proberen te begrijpen én omdat hij wil weten of er kans is op herhaling en dus op meer onnodige valpartijen voor hemzelf en voor andere renners. Of hij ooit zelf weer een sprint zal betwisten is begin december nog onzeker – zijn linker stemband is op dat moment nog altijd deels verlamd. Een tweede wens van Fabio is een handreiking van Groenewegen en zijn team, een voorstel om op z'n minst een deel van de verantwoordelijkheid voor de gevolgen van de val op zich te nemen.

De ontmoeting eindigde in een teleurstelling, een excuus en een verklaring bleven uit. Al heel snel werd duidelijk dat het geen nut had om lang met elkaar aan tafel te blijven, de partijen gingen uiteen zonder dat er afspraken werden gemaakt over een afhandeling of een vervolg. Het enige waarover overeenstemming werd bereikt: beide partijen doen geen mededelingen over de inhoud van het gesprek.

Eenmaal bij Julius en Froukje thuis, gaat het nog even over het gesprek met Groenewegen en Jumbo-Visma, daarna wordt het alsnog gezellig. Er is eten besteld, er staat een fles wijn op tafel. Als Fabio halverwege de avond opmerkt dat de dag veel van hem heeft gevergd en dat het waarschijnlijk slim is om naar huis te gaan, drinken ze nog een kop koffie voordat Fabio en Delore opstaan en hun jassen pakken.

Als ze even later met z'n vieren in de krappe hal van het appartement staan, vol met Cannondale-fietsen van Julius en spullen waarvoor geen opbergkast is, ontstaat er plots een wat ongemakkelijke sfeer. Julius staat ongemakkelijk te dralen, lijkt zich ergens druk over te maken. Hij neemt Froukje even apart, fluistert iets in haar oor. Als zij iets terugzegt en knikt, verdwijnt Julius naar de slaapkamer. Delore en Fabio kijken Froukje vragend aan. Froukje: 'Wacht maar even...'

Als Julius terugkeert heeft hij een verfrommeld stukje textiel in zijn handen. Hij staat er wat onrustig bij, weet nog steeds niet of hij nou moet doen wat hij zich had voorgenomen. Maar omdat er ook geen weg meer terug is, houdt hij het wielershirt dat hij zojuist uit zijn onderbroekenla haalde voor zich. Het is een wit shirt met blauwe bollen, de trui voor de leider van het bergklassement in de Ronde van Polen, het shirt dat hij droeg op de dag dat hij, terwijl zijn vriend in coma lag, in de aanval ging. Op de rug zitten nog de rugnummers, een ervan is op de achterkant beschreven met de tekst FORZA FABIO, STAY STRONG MATE.

Julius: 'Ja, ik weet eigenlijk niet... ja... misschien vind je het wel heel stom dat ik dit geef, maar dit is dat shirt dat ik aanhad op die dag... Ik wilde het je al een tijdje geven, maar misschien is dat wel heel raar...'

Froukje en Delore kijken elkaar kort aan, Fabio pakt het shirt aan, doet een stap naar voren en pakt zijn vriend stevig beet. Zo blijven ze een paar seconden staan in een stevige omhelzing, alle ongemakkelijkheid is weer weg.

'Man, ik vind het juist supermooi dat je me dat geeft, wat dacht jij dan...?'

Wat de anderen zich niet realiseren is dat Fabio op dat moment geen benul heeft van het bestaan van een bollentrui van Julius, laat staan van een foto waarop hij die draagt en waarop hij de tekst FORZA FABIO, STAY STRONG MATE voor zich houdt. Het speelde zich allemaal af tijdens zijn coma. In de periode erna had hij zijn handen vol aan zijn herstel en ook later heeft hij nooit de tijd genomen om na te gaan wat er rond zijn val in de media verscheen.

Tien minuten later, in de auto, pakt hij zijn telefoon erbij en zoekt op Delores aanwijzing naar de foto op Julius' Instagrampagina. Als hij de op 6 augustus 2021 geposte foto van zijn vriend vindt en begrijpt wat hij zojuist heeft gekregen, schiet er een warme gloed door hem heen.

IV

OPSTAAN

Stiekem dromen van opnieuw winnen

Januari 2021, trainingskamp Deceuninck–Quick-Step, Altea, Spanje

Het gaat heel goed met Fabio, vertelt hij me aan de telefoon. Hij was in december ook al in Altea, maar nog steeds ziet hij mensen voor het eerst na het ongeluk. Dat is steeds weer bijzonder, het went nooit. Hoewel, een beetje: 'Ik heb al heel wat mensen voor het eerst weer gezien. Bij die ander zit het dan meestal ergens tussen kippenvel en betraande ogen in. Ik ben me er ook wel bewust van, het is ook heftig natuurlijk. Dan pak ik ze even beet en zeg ik dat ik blij ben dat ik er nog ben en dat ik hier ben…' Inmiddels weet hij wat hij kan doen om de ander snel op zijn gemak te stellen. 'Dan zie je toch dat het contact met anderen belangrijk is. Ik denk dat ik met best veel mensen een goede band heb.'

Op de fiets gaat het ook wel goed. Hoe goed durft hij nog niet te zeggen, want trainen en koersen is niet hetzelfde: 'Ik mag niet klagen, maar ik ben de slechtste van de ploeg, maak je daar maar geen zorgen over.'

Hij fietst om de dag, meestal doet hij twee à drie uur mee, dan gaat hij terug. Er is meer spierpijn dan voorheen en ademhalen is lastiger. En zijn linkerschouder is af en toe stijf. De balans in de benen is niet helemaal stabiel, volgens de vermogensmeter is er wat verschil. Hij maakt zich er niet al te veel zorgen over: 'Ik denk dat mijn lijf zich een soort van opnieuw moet zetten na die klap. En ik ben dik vier maanden vrijwel inactief geweest. De longen moeten beter getraind worden, het hart moet weer sterk worden. De conditie, de bloedwaardes moeten omhoog. Ik zit in de lift, maar met vier maanden nietsdoen heb je minimaal vier maanden nodig om terug te komen. En misschien wel langer, dus ik maak me geen illusies. Ik zou je graag willen vertellen dat ik al het idee heb dat ik er goed voorsta, maar ik heb nog een lange weg te gaan.'

Wat hij lastig vindt is dat hij in zijn gedachten veel heen en weer wipt. Normaal weet hij waar hij ligt op dit moment van de voorbereiding, en vooral waar het naartoe moet, wat het eerste doel is. Nu schiet het soms door zijn hoofd ik: ja shit, ik heb helemaal geen koers die eraan komt. Hij probeert er dan niet te lang in te blijven hangen. 'Hoe ik er nu tegenaan kijk is: een zo goed mogelijke conditie opbouwen, dan de operatie van februari ondergaan.'

Bij die operatie gaan er zes schroeven in de kaken, drie boven en drie onder. Vervolgens moeten die vastgroeien. Als dat allemaal goed gaat, krijg hij vlak voor de kerst zijn nieuwe tanden – er komt een brug boven en onder, op de implantaten. Fabio: 'Daar maak ik nu mijn doel van: zo fit mogelijk die operatie ingaan.'

Stiekem droomt hij ervan om ooit weer een koers te winnen. 'Maar daarvoor zal ik eerst weer een koers moeten kunnen rijden. En om een koers te kunnen rijden zal ik eerst goed genoeg moeten zijn om fatsoenlijk aan de start te verschijnen. Zo schuif je elke keer op, dan haal je elke keer een doel. Ik had natuurlijk een hersenkneuzing en het duurt zeker tien weken voor die volledig weg is. Toen ging ik direct de volgende operatie in, begin oktober. Ik heb daarna zes weken moeten herstellen, dat is in totaal zestien weken, dat zijn vier maanden. Narcose, medicatie, rusten... Ik kon na de operatie in oktober een paar weken niet lopen. Dat is ook normaal, dat bot halen ze er niet met een klein figuurzaagje uit. Dat gaat met redelijk wat geweld. Zo voelt het tenminste.'

Na de operatie kon hij drie weken niet op zijn linkerbeen staan. 'Dat was na drie weken weg, maar je moet voor zowel de bovenkaak als de heup op zes weken rekenen, omdat er op twee plekken een herstelproces aan de gang is. Daar heb ik me netjes aan gehouden. Daarna ben ik weer heel voorzichtig de fiets opgegaan.'

Ik vraag of hij zich inmiddels weer wielrenner voelt. 'Ja, geen hele goede, maar wel eentje die stappen blijft maken. Ik zat vandaag met die jongens op de fiets en toen dacht ik bij mezelf: hier moet ik ook van genieten. Want na je allerdiepste dal is alles wat daarna komt mooi. Dat realiseerde ik me vandaag. Ik ging in de schaduw een klim op en daarna een afdaling in aan de zonnige kant. Ik was alleen, want ik ging eerder terug dan de rest. Toen dacht ik: moet je eens kijken hoe het nu al gaat. Daar ben ik heel blij mee en dan denk ik: hier word ik ook al gelukkig van…'

Hij wil er nu het beste van maken, hij zegt dat hij voorheen al weinig klaagde, maar dat hij dat na het ongeluk nooit meer heeft gedaan. 'Daar heb ik helemaal niks aan. Alles wat normaal was is in één keer niet meer normaal. Ik zit nu drie jaar bij een ploeg op het hoogste niveau. Dan sluipt het er toch in dat je het leven dat je leidt normaal gaat vinden, dit hier is mijn normaal geworden. Maar als je er dan zo abrupt uitgerukt wordt en je kijkt terug… ja, dat is zo speciaal en bijzonder… Ik denk dat ik dat ook wel uitstraal. En dat iedereen zich dat wel realiseert als ze mij zien. Dat ze denken: we leven toch maar een bijzonder leven allemaal. Zolang je in dezelfde omgeving zit, zonder tegenslagen, gaat het vanzelf normaal lijken. Dan lijkt het alsof alles is zoals het hoort te zijn. Ik ben erachter gekomen dat het ook heel anders kan zijn.'

Op de vraag of hij niet de hele dag denkt: ik móét en zal weer topsprinter worden: 'Nee, nee… In principe kan ik niet meer doen dan ik nu doe. Het leven loopt zoals het loopt en je komt dingen tegen en dan krijg je keuzes. En ik heb me door wat er is gebeurd juist gerealiseerd dat als het wielrennen ophoudt, dat ik dan nog heel veel andere dingen heb die ik waardevol vind, waar ik van geniet en waar ik blij mee ben. Dan heb ik het over mijn familie, mijn vriendin en vrienden en de band die ik met hen heb. Dat ben ik bijna kwijtgeraakt. Nu denk ik: ik kan opa en oma nog zien en mijn vader en moeder waar ik zo veel van hou en mijn vriendin waar ik zo van hou en mijn schoonouders en broertjes en zusjes, zowel aan de schoonfamiliekant als mijn eigen kant. Waar je van denkt: die was ik toch bijna kwijt. Althans, zij waren mij bijna kwijt. Maar ik hen ook.'

'Ik heb een paar heel onzekere maanden gehad, maar nu weet ik dat ik in ieder geval weer een normaal mens kan worden en misschien ben ik straks wel geen profwielrenner meer, nee. Ja, dan ben ik het nog een jaar en dan houdt het daarna op. Dat kan confronterend zijn. Maar dat betekent niet dat ik niet gemotiveerd ben om terug te komen.'

Die motivatie is er vanaf het moment dat hij wakker werd in het ziekenhuis: 'Ik heb geen moment gedacht van: even rustig aan, elke avond een zak chips leegeten of zo… Ik heb heus wel een paar biertjes gedronken. Maar de eerste acht weken sowieso niet. Ik realiseerde me natuurlijk: waarvan herstel je het beste? Ja, van gezonde voeding, dus ik heb zo veel mogelijk gezond gegeten. Dat klinkt misschien gek, maar het is niet eens een opoffering, want je weet: van taart eten en patat ga je nooit meer een sterke jongen worden. Gezonde voeding is de basis en ik denk dat je dat nu terugziet aan me. Dat ik er niet met de pet naar heb gegooid. In die zin ben ik natuurlijk nog dezelfde topsporter. Wat helpt: ik weet de weg naar succesvol sprinten. Ik ken hem, ik heb hem al eens bewandeld en ik weet hoe ik het deed. Ik heb de blauwdruk.'

Februari 2021, ergens op de A27, Nederland

Fabio heeft in de laatste week van het trainingskamp bijna iedere training helemaal afgewerkt, al was het soms af en toe een beetje boven zijn macht. 'Maar dat ging wel en het echt intensieve heb ik nog niet. Dus: omslagpunt, blokken doen, dat heb ik nog maar weinig gedaan. Maar sprintjes en zo, dat ging wel. Ja, eigenlijk ging het supergoed. En niemand begrijpt het, er is niet een echte grote verklaring voor hoe dit kan, al denk ik het zelf wel te weten. Wat Cor allemaal gedaan heeft met me, daar kunnen we alleen al een boek over volschrijven…'

Natuurlijk, hij heeft wel eens harder gesprint. Maar toch, het ging wel heel goed. Sommige ploeggenoten vroegen of hij zijn operatie niet kon uitstellen. 'Ja, ze zeggen: jij kan gewoon starten in de eerste koersen. Toen zei ik: maar die operatie moet toch gebeuren… Uitstellen is niet handig. Nu eerst dit… Ik zorg nu dat ik optimaal fit die operatie inga, zodat het herstel ook de beste kans krijgt. Daarna gaan we weer verder. Stap voor stap.'

De grootste beproeving van het herstel moet dan nog komen. Bij de operatie van 11 februari worden implantaten aangebracht in Fabio's boven- en onderkaak. Dat laatste is op zich geen grote ingreep, de litteken- en tandvleescorrectie die daarvoor nodig zijn, zijn dat wel. Het tandvlees op de plek waar de tanden moeten komen wordt losgesneden en getransplanteerd tandvlees wordt als het ware over de plekken heen gevouwen. Het te transplanteren tandvlees is afkomstig uit het gehemelte; twee repen ter grootte van een duim. Dat laatste zorgt de twee weken na de operatie voor bloedingen en vooral heel veel pijn in de mond. Eten is aanvankelijk helemaal niet mogelijk, later een heel klein beetje. Drinken kan, maar dan alleen lauw water – hoewel de dokter ijskoud water voorschreef. Fabio valt in veertien dagen vier kilo af en nadien is vrijwel alle trainingsarbeid van de weken daarvoor weer tenietgedaan.

‘Ik rijd de sterren ook niet van de hemel, hè…’

April 2021, IJburg, Amsterdam

Julius van den Berg heeft zijn dochter Sterre op zijn linkerarm. Met zijn rechterarm maakt hij een flesje voor haar klaar. Froukje is er niet. Ze is aan het werk op het hoofdkantoor van SEG. Inmiddels is ze, naast parttime verzorger van de ploeg, ook verantwoordelijk voor alle logistieke zaken: planningen maken, inschrijven voor koersen, vluchten en hotels boeken voor de renners, kleding bestellen en nog veel meer.

Het is alsof Julius al jaren vader is. De vanzelfsprekendheid waarmee hij tegen zijn dochtertje praat, met haar speelt, de manier waarop hij haar optilt, haar aan haar voetjes door de woonkamer sleept tot ze giert van het lachen: de kwajongen is, hoewel nog altijd kwajongen (hij steekt nog steeds vuurwerk af), nu ook een lieve, zorgzame huisvader met papadagen.

Deze papadag was niet voorzien. Het is 1 april, de dag na Dwars door Vlaanderen, over drie dagen is de Ronde van Vlaanderen. Julius doet niet mee. Hij zou deze weken permanent in België moeten zitten, nu zit hij thuis.

Op vrijdag reed hij de E3 Saxo Bank Classic, vooraf kreeg hij één opdracht: meezitten in de vroege vlucht. Vrijwel direct na de start viel hij aan, later werd hij teruggehaald. Twintig kilometer verderop, toen zich een kopgroep had gevormd, reed hij daar alsnog naartoe, samen met Niki Terpstra. Omdat ze aan de late kant reageerden was er een stevige koppeltijdrit nodig om bij de koplopers te komen – later zou blijken dat het de trainingsmaten te veel krachten had gekost om in de finale nog een rol van betekenis te kunnen spelen.

De volgende dag kreeg hij te horen dat hij van de lijst was gehaald voor Gent-Wevelgem en dat hij op de reservelijst werd gezet voor Dwars door Vlaanderen, Ronde van Vlaanderen en Parijs-Roubaix. De reden: de ploegdirectie vindt Julius’ vorm niet goed genoeg voor een selectie. Zoals het er nu naar uitziet is de volgende koers de Giro d'Italia, die pas over een dikke vijf weken begint. Maar ook dat is inmiddels onzeker.

Julius: 'Ik kan er nu niets aan doen, dit is nu hoe het is. Maar ja, het is frustrerend. Ik ben het soort renner dat koersen nodig heeft om echt beter te worden. Kijk naar mijn laatste jaar bij de beloften, toen ging ik van wedstrijd naar wedstrijd met tussendoor een paar trainingen. Nu zitten we in het voorjaar en heb ik tien koersdagen staan in de periode dat ik super moet zijn. Vorig jaar was ook niet super, maar in de Vuelta ging het eigenlijk hartstikke goed en daar kwam ik met superbenen vandaan. Alleen, toen was het seizoen afgelopen… Ik vind het wel lastig, want qua ontwikkeling stagneer ik zo – als het niet achteruitgaat. Ik heb in elk geval het gevoel dat er iets moet veranderen…' Na een korte stilte: 'Maar ik moet ook eerlijk zijn, ik rij de sterren niet van de hemel, hè. Ik weet ook: als je goed bent rij je gewoon alles. Maar het is wat het is, ik doe mijn trainingen hier met NHB, ik ga alles doen om goed te zijn voor de Giro. Wie weet kan ik in de Giro en daarna wat laten zien. Wat ik lastig vind is dat ik, omdat ik vaak niet zeker weet of ik een wedstrijd ook daadwerkelijk rij, niet goed weet waarvoor ik train.'

EF Education-Nippo, zoals de ploeg in 2021 heet, is een ploeg op het hoogste niveau, ze rijden verplicht alle wedstrijden in de UCI World Tour, de grootste wedstijden dus. Van het niveau daaronder, de UCI ProSeries, rijden ze er heel weinig. Dat heeft ook met de hoofdsponsor te maken. Hoofdsponsor EF Education First is een internationaal taalonderwijsbureau dat baat heeft bij een zo internationaal mogelijk podium op het hoogste niveau – en dus met de meeste aandacht. En daarom rijdt EF vooral de grote wedstrijden, vanzelfsprekend met de beste renners als kopmannen, aangevuld met knechten. Ben je knecht en wil je op termijn kopman worden en heb je juist wedstrijden én kansen voor jezelf nodig om beter te worden, dan is dat een lastige situatie – een kip-of-eiverhaal. Helemaal als je niet bij de beste knechten zit. Dat geldt voor Julius – feit is dat hij na tweeënhalf jaar EF nog niet het niveau heeft waarop hij vooraf had gehoopt en dat hij verwacht had nu te hebben – de Vuelta van vorig jaar uitgezonderd. Het mag een lastige situatie zijn, het is ook een duidelijke: 'Ik moet het gewoon laten zien in de Giro, dan kan de wereld er zomaar weer heel anders uitzien.'

De vraag is gerechtvaardigd of hij wel bij de juiste ploeg zit. Een wat kleinere ploeg met een uitgebreider wedstrijdprogramma lijkt op dit moment beter bij hem te passen. Maar die staan niet in de rij. Feit is dat Julius zich nog maar weinig heeft onderscheiden. Het zorgt ervoor dat de druk zich weer begint op te bouwen. Vorig jaar tekende hij bij voor één jaar, wat betekent dat hij aan het einde van dit jaar opnieuw zonder contract zit Doorgaans is er voor een renner van een World Tour-ploeg nog wel een plekje te vinden bij een kleine procontinentale ploeg, maar garanties zijn er niet en nu al helemaal niet, nu het wielrennen, mede door corona, grote moeite heeft om sponsors aan zich te binden. Het afgelopen jaar moesten veel goede profs die nog lang niet klaar waren noodgedwongen stoppen – er waren simpelweg te weinig plekken in het profpeloton.

Head of Performance bij EF Peter Schep over Julius' situatie: 'Het is natuurlijk niet zo dat onze ploeg expres renners op het laatste moment van een race afhaalt. Het heeft alles met niveau te maken. Als Julius de afgelopen jaren meer had laten zien, dan had hij als eerste op de lijst gestaan en niet als laatste. Als je bij de besten zit, dan rij je – klaar. Het is topsport. Dat heb ik ook tegen hem gezegd.'

Kort na onze ontmoeting in Amsterdam krijgt Julius te horen dat hij, ter voorbereiding op de Giro, is geselecteerd voor de klimmerskoers Tour of the Alps. Daar rijdt hij een goede, solide wedstrijd en doet zijn werk voor kopman Hugh Carthy tot volle tevredenheid van de ploegleiding. Kort na thuiskomst komt het verlossende bericht: de selectie voor de Giro is definitief. Schep: 'Vorig jaar waren we heel tevreden over de vorm waarmee hij uit de Vuelta kwam en ik denk dat hij door deze Giro, als hij hem uitrijdt, weer een stap kan zetten. Als je al twaalf keer een grote ronde hebt gereden, dan heeft het niet zo heel veel effect meer. Voor hem kan dit superpositief uitpakken, fysiek gezien.'

Hij koppelt er tegelijk de vraag aan wat voor soort type renner Julius nu eigenlijk is, waar hij zich in de toekomst het beste op zou kunnen toeleggen. 'Past Julius vooral in een grote ronde of past hij in een klassiekerploeg? Of misschien allebei? Tot nu toe heeft hij het meeste laten zien in de rol die hij vorig jaar had in de Vuelta. Maar voor hetzelfde geld rijdt hij een supergoed NK na de Giro en zie je dan: hé, het niveau bij eendaagse koersen gaat ook omhoog. Dat laatste is wat de ploeg verwachtte toen ze hem haalden. Dat is ook wat hij bij de beloften liet zien. Waar wij naar zoeken is: wat is het verschil tussen de belofte Julius en de prof Julius. Natuurlijk is het algemene niveau hier hoger, maar kunnen we ook op een andere manier verklaren hoe het komt dat hij nog niet het type renner is dat hij was bij de beloften? Ik denk dat de komende koersen dat gaan uitwijzen.'

Terug in het peloton

9 april 2021, E19 zuidwaarts, België

Delore Stougje en Fabio Jakobsen zitten samen in de auto, Delore rijdt. De bestemming is Brussels Airport. Delore gaat Fabio afzetten voor wat zijn eerste wedstrijd wordt na de crash in Polen: de Ronde van Turkije, van 11 tot 18 april. Ik bel Fabio, vraag hem welk gevoel overheerst in aanloop naar zijn eerste koers. Na een stilte: 'Het is fiftyfifty. Normaal heb ik altijd zin om te gaan, maar dat is ook omdat ik normaal ga om te winnen. Nu is dat niet zo. Aan één kant is het fijn, want het betekent dat ik weer wielrenner word. Maar ik vind het moeilijk om de mensen thuis achter te laten.'

Het doel is om in Turkije sterker te worden en zelfvertrouwen op te doen. 'Mensen vragen me wel of het niet beter was geweest om te beginnen met een eendagskoers, maar eigenlijk is dit ideaal. Er is wat minder stress, want er is elke dag een kans. Ik ga erheen om verder op te bouwen, de ploeg verwacht niets. Eerst maar eens zien hoe het gaat als ik weer in een peloton rijd, hoe het sturen gaat. Eigenlijk weet ik nog niks. Maar dit is wel het moment om weer een wedstrijd te rijden, de training bleef goed gaan en dan komt er een moment dat je wedstrijden nodig hebt om een nieuwe stap te zetten. Je kan wel aan de gang blijven met trainen.'

Nog altijd zijn er veel persaanvragen, nog altijd doet hij er niets mee. Los van een interview met Thijs Zonneveld in AD aan het einde van 2020, dat hij en zijn manager nodig achtten omdat het nou eenmaal beter is zelf je verhaal te doen, dan dat anderen het voor je invullen, is hij op geen enkel aanbod ingegaan. 'Ik heb mijn handen nu vol aan de voorbereidingen en dat is al spannend genoeg. In Turkije zullen ze me ook wel weten te vinden.'

Delore zit, zo vertelt ze later, met een knoop in haar maag achter het stuur. De laatste maanden heeft ze zich met regelmaat betrapt op de gedachte dat ze misschien wel hoopt dat haar vriend besluit af te zien van een rentree als profwielrenner. Hem vragen om dat te doen overweegt ze geen moment. Ze zou het egoïstisch vinden van zichzelf. En als ze eerlijk is wist ze al genoeg toen ze haar vriend kort na zijn thuiskomst uit het ziekenhuis in de garage aantrof op zijn Tacx. De drang naar de fiets was er toen al en nadien is hij alleen maar toegenomen. Gedurende Fabio's revalidatie wist Delore de gedachte aan nieuwe sprints, nieuwe momenten van niet durven kijken, nieuwe kansen op valpartijen, nog van zich af te duwen. Maar als ze begin april, tijdens een paar weken samen in Calp, waarbij Fabio overdag traint en zij online lessen volgt voor haar studie, hoort dat Fabio door de ploeg is geselecteerd voor de Ronde van Turkije, grijpt het haar direct naar de keel. Natuurlijk, ze wist dat dit moment zou komen, maar nu het zover is loopt ze een paar dagen een beetje ontredderd rond. Dat het een koers is in een ver land, en niet bijvoorbeeld in Nederland of België, helpt daar niet bij.

En dat terwijl ze op het moment van de onheilstijding al een paar dagen met haar hoofd in de wolken liep. Vorige week, boven op de top van de bekende rots van Penyal D'Ifac, ver uitstekend boven de baai van Calp, deed Fabio haar, volstrekt onverwacht, een huwelijksaanzoek. De ring had hij al een paar maanden in zijn bezit, ingezet met een diamant die hij kreeg bij zijn winst in de Scheldeprijs van 2019.

Fabio had wat over voor zijn aanzoek. Hij heeft een grondige hekel aan wandelen, maar omdat Delore de rots zo graag eens wilde beklimmen, leek het hem een mooie gelegenheid. Eenmaal boven aangekomen, terwijl Delore nog van het uitzicht stond te genieten, ging hij op één knie zitten en deed zijn aanzoek. Het moment werd vastgelegd door Delores vader, Delore zou de foto later delen op Instagram. Ze staat met haar beide handen voor haar mond, lijkt bijna door haar knieën te zakken van uitgelaten verbazing.

Dat Fabio Delore zou vragen zijn vrouw te worden besloot hij bijna vijf maanden geleden in Polen, liggend in een ziekenhuisbed op de IC van het ziekenhuis van Katowice. Het is een van de eerste dingen die hij zich voorneemt nadat hij wakker wordt uit zijn coma. In november 2021, aan de keukentafel van Delores ouderlijk huis in Zuidland: ‘Ik dacht, als we hier samen uitkomen ga ik haar vragen.’

Trouwen was niet de enige weinig voor de hand liggende gedachte die daar, liggend aan tal van apparaten, als vanzelf in hem opkwam. ‘Heel raar misschien, maar volgens mij heb ik jou dat nog niet eens verteld, Deloor. Toen ik daar lag heb ik zelfs gedacht: misschien moeten we nu zo snel mogelijk proberen kinderen te krijgen. Want het kan zomaar zijn dat ik er volgend jaar niet meer ben... Het was een soort paniek, zo van: als ik er dan straks niet meer ben, dan heb jij helemaal niks meer van me.’ Dan, tegen mij: ‘Ik denk dat het een instinctieve reactie was. We zijn als mensen natuurlijk geprogrammeerd om ons voort te planten en blijkbaar zorgt dat ervoor dat je in zo’n situatie dat soort gedachten krijgt. Anders kan ik het ook niet verklaren...’

In de vertrekhal in Brussel, als het stel de rest van de renners en de stafleden treft die meereizen naar Turkije, neemt dokter Vanmol Fabio apart. ‘Gaat het wel goed met Delore, ze ziet zo bleek...’ Fabio: ‘Niet echt Yvan, de vorige keer dat ze me wegbracht kwam ik bijna niet meer terug.’

Een foto maken van Fabio voordat hij door het poortje gaat, doet Delore niet, ze kijkt wel uit.

‘I think it’s still in there’

Mei 2021, High Performance Center, Monachil, Sierra Nevada

Fabio aan de telefoon: zijn herstel vordert wonderwel. Het wonderlijke is dat zijn medische situatie, eigenlijk direct vanaf het moment van de crash in Katowice, beter lijkt dan daarvoor. Vanaf de allereerste medische berichten vanuit het ziekenhuis was ieder nieuw bericht positiever dan het vorige. Dat gaat nog steeds op – de allerlaatste ingreep, het plaatsen van een nieuw gebit, zal niet, zoals oorspronkelijk gepland, plaatsvinden in december, vlak voor de kerst, maar al halverwege juni. Dat is iets meer dan negen maanden na de crash en nadat Fabio dan normaal gesproken al drie meerdaagse koersen zal hebben uitgereden – de ronden van Turkije en van de Algarve heeft hij nu al voltooid, het Critérium du Dauphiné volgt over twee weken. Wie dat negen maanden geleden, op de dag van de val, had voorspeld, was voor volslagen idioot versleten.

Fabio ligt op zijn hotelbed. Op de achtergrond klinkt de stem van Eurosport-commentator Jeroen Vanbelleghem – etappe 4 van de Giro d’Italia staat op. Fabio heeft zelf verzocht om de hoogtestage. Hij weet dat zijn lichaam er goed op reageert en als sprinter van rond de tachtig kilo op weg naar een klimmerskoers, met slechts één sprintetappe, kan hij twee weken op hoogte goed gebruiken. Het doel van de Dauphiné: uitrijden ter voorbereiding op, hopelijk, de Vuelta a España in augustus.

In Turkije was er, vooral de eerste dagen, heel veel aandacht voor zijn rentree in het profpeloton. De camera zocht hem continu op, een groot deel van de renners kwam langs voor een praatje, meestal met een vriendschappelijk klopje op de rug: welkom terug, goed dat je er bent. Collega-sprinter en dus concurrent Jasper Philipsen komt al bij de neutralisatie in de eerste etappe naast hem fietsen. In Katowice was hij betrokken bij de val, maakte een salto, en sindsdien heeft het hem niet meer losgelaten. Als hij Fabio voor de derde keer vertelt hoe blij hij is dat zijn sprintcollega er weer bij is, schiet die in de lach.

Wanneer de camera vanaf de motor weer een begroeting van een renner vastlegt, volgt er steevast een vriendelijk handgebaar van Fabio, vergezeld van een brede glimlach, zonder tanden. Breeduit glimlachen doet hij ook, onafgebroken, bij een interview van Eurosport, na afloop van de eerste etappe. Het is meer dan lachen, het is een mengeling van opgetogenheid, dankbaarheid en gretigheid naar wat gaat komen. '*I take it from here step by step. There's people asking me: are you gonna sprint for the win? But let me first finish a race, finish a stage race and let me build my form back up. [...] I think it's still in there, but it will take some time to get back. [...] It's just nice to be a bike rider again.*'

Twee dagen later wordt het laatste vraagteken – of hij het straks nog zal aandurven om te sprinten voor de overwinning – weggenomen. De eerste dag was het fietsen in het peloton nog wennen, maar toch merkte Fabio al snel dat het niet heel anders was dan bij de eerste koers na de winter – ook dan is het altijd weer even wennen na een lange periode zonder wedstrijden. Waar Fabio nog licht voor vreesde, dat de stress hem misschien zou bevangen op het moment dat de finale naderde, gebeurde niet. In de derde etappe, gewonnen door ploeggenoot Mark Cavendish, doet hij zijn werk in de lead-outtrein en in plaats van zich volledig te laten afzakken, blijft hij nog even hangen in de drukte, op de plek in het peloton waar normaal gesproken de meeste ongelukken gebeuren. Hij doet het bewust, om te testen of hij het nog aandurft. Een flashback of panickreactie blijft uit. Het is terug te zien in de uitslag van etappe drie, hij eindigt die dag als negenendertigste. 'Ik wist: als ik dit nog durf, dan durf ik straks ook wel weer bij de eerste tien te rijden, want daar is het veiliger dan op plek dertig.' 13 april 2021 is de dag dat Fabio Jakobsen de overtuiging krijgt ooit weer sprints te kunnen winnen op het allerhoogste niveau.

De conclusie na Turkije is ook dat Fabio nog inhoud mist – de benen lopen nog een stuk eerder vol dan voorheen. Het maakt duidelijk dat er nog veel werk te doen is, dat de motor opnieuw opgevoerd moet worden. Het verbaast hem niet en ontmoedigen doet het al helemaal niet: 'Ik heb nooit eerder zo lang moeten revalideren, dus ik heb weinig verwachtingen over het verloop.'

In de Ronde van de Algarve waren de benen al beduidend beter dan in Turkije. De klimetappes waren pittig, maar het voornaamste in dit stadium, het snel herstellen van zware inspanningen, begon duidelijk terug te komen. De dag na een klimetappe, bij de eerste keer aanzetten, was er dat besef: het zit goed, ik word beter... Ook na twee dagen klimmen met tussen de 1500 en 3000 hoogtemeters, voelde hij zich goed, beter dan hij had verwacht in ieder geval.

Of hij mee gaat sprinten voor de overwinning in de Dauphiné weet hij nog niet, hij heeft zelfs nog niet naar het routeboek gekeken. 'Ik zie het wel als ik daar ben. Het belangrijkste is nu dat ik kan blijven fietsen, en het liefst in deze ploeg. Zoals ik nu op de fiets zit, een trainingskamp rijd en twee koersen uitrijd... Als het goed is, is er een voorstel in de maak van de ploeg voor een nieuw contract. Lefevere heeft gezegd dat hij me wil houden. En ik denk dat ik nog steeds een goede sprinter ben en kan zijn.'

Op de vraag of hij moeite had zijn gehavende gezicht te tonen aan anderen en zelfs aan de tv-camera's: 'Nee. Nee, daar heb ik geen problemen mee. Het is zoals het is. Ik kan er ook niks aan doen... Ik had liever wel tanden gehad, maar ik heb ze nu niet. Ik vind dat niet het belangrijkste. Uiteindelijk wordt iedereen oud en lelijk. Sommige mensen vinden iemand nu al lelijk, maar dat is ook maar een mening. Als ik nou fotomodel was en ik moest er mijn brood mee verdienen... Maar dan ben ik niet. En het zegt ook niks over of ik wel of niet een goed mens ben, of mijn haar wel of niet goed zit, of mijn neus wel of niet recht staat. Daar ben ik te nuchter voor, denk ik. Ik kan me best voorstellen dat anderen ervan schrikken of dat ze er zelf last mee zouden hebben. Maar dan nog, het is maar de buitenkant. Ik heb er weinig moeite mee... Maar ik moet wel zeggen dat ik graag de Vuelta zou rijden mét tanden. Tanden zijn toch wel handig.'

Kort voor de Ronde van de Algarve werd Fabio gedwongen om stil te staan bij het onderwerp waarmee hij zich momenteel nog maar weinig bezighoudt: de juridische afwikkeling van de val. Over het algemeen lukt het hem goed om zo weinig mogelijk energie te verspillen aan de zaak, daarvoor heeft hij zijn advocaten.

Op 2 mei maakte Dylan Groenewegen zijn opwachting in talkshow *Humberto*. Hij stond op het punt om zijn wielercarrière na een schorsing van negen maanden wegens het veroorzaken van Fabio's val, te hervatten in de Giro d'Italia. Wat hij in de uitzending zei over de ontmoeting met Fabio in het Amsterdamse hotel, zit Fabio als ik hem twee dagen later spreek nog altijd niet lekker. Groenewegens woorden: 'We hebben allebei ons hart kunnen luchten. Het was heel fijn. Wat er precies is besproken, houd ik onder ons. Maar het voelt heel goed dat we elkaar gezien hebben voordat we allebei weer in koers gingen.'

Wat Groenewegen zegt klopt niet. Want wat er ook gebeurd is op 1 december, Fabio heeft zijn hart niet kunnen luchten en van alle dingen waarop hij voorafgaand aan het gesprek had gehoopt kwam niets terecht.

Hij is er nu nog niet uit wat te doen. Er is de afspraak om geen mededelingen te doen over de inhoud van het gesprek en dat beperkt de mogelijkheden om te reageren. Tegelijkertijd voelt hij zich gedwongen om íéts te doen. Want als hij nu Groenewegens woorden niet weerlegt, kan het in een later stadium tegen hem gaan werken. Over een paar maanden, bij een eventuele rechtszaak, zeggen dat er van een gesprek eigenlijk überhaupt geen sprake was, zal vragen opwerpen als: waarom heb je dat niet meteen gezegd?

Twee dagen later, op de dag dat de Ronde van de Algarve van start gaat, stuurt Fabio een serie van drie Twitterberichten uit:

1/3: *I was surprised to read the comments made by Dylan Groenewegen with regard to our recent meeting. The meeting was arranged to try to reach a common understanding relating to the accident in Poland last August.*

2/3: *I would like to set the record straight, though: Dylan has not offered a personal apology and he has not shown willingness to take any responsibility for his actions. I still would like to reach an understanding with Dylan, but it takes two to tango.*

3/3: *Further proceedings are now being taken care of by my legal team and for that reason I will not be able to make any further comment.*

De reactie op de tweets zijn wisselend, voor het eerst lijkt er, vooral online, een nare, vijandige sfeer te ontstaan tussen de voor- en tegenstanders van beide renners. In de media wordt hier en daar gesuggereerd dat Patrick Lefevere, CEO van Fabio's ploeg, het brein is achter de verklaring, maar dat klopt niet – hij raadde het zijn renner zelfs af. Ook Fabio's manager Eelco Berkhout speelde er geen rol bij. Berkhout: 'Fabio laat zich niet sturen, die weet heel goed wat hij wil. Ga er maar van uit dat als hij iets doet, hij erover heeft nagedacht.'

Nog steeds wat uit te vogelen

Mei 2021, San Giacomo, Italië

Ik bel met Julius van den Berg – hij zit in de ploegbus van EF Education-Nippo. Vandaag is de zesde Giro-etappe, naar Ascoli Piseno. Hij voelt zich goed, is blij met hoe de benen voelen én met het vertrouwen van de ploeg. Ook de regendag van gisteren heeft hij prima verteerd. Ik vraag hem of de woorden van teamcoach Peter Schep iets bij hem hebben veranderd, de opmerking dat hij zich beter zou kunnen richten op beter worden in trainingen, in plaats van te balen van het kleine aantal wedstrijden waarin hij mag starten.

'Nee, eigenlijk helemaal niet, als ik eerlijk ben. Want iedere wedstrijd die ik rij probeer ik het maximale eruit te halen, geef ik alles. In principe fiets ik voor mezelf, ik wil zelf elke wedstrijd het meeste eruit halen, altijd. Het is voor mij niet zo dat ik iemand anders nodig heb om te zeggen van: je moet nu goed rijden en dat ik dan goed ga rijden. Ik doe dit voor mezelf.' Ik vraag of het klopt dat hij een paar weken terug vooral bezig was met balen en dat hij inmiddels meer vooruitkijkt. 'Ja, maar ik had ook niet zo veel om naar uit te kijken, hè, ik reed geen koersen… Nu wel. Als ik weet welke wedstrijd ik rij, dan weet ik: dán wil ik weer goed zijn, daar train ik voor. Maar ik had helemaal niks staan. Dan baal ik. Ik wil wedstrijden rijden.'

In de Giro d'Italia van 2021 bevestigt Julius het vermoeden dat bij de ploegleiding ontstond na de Vuelta a España van vorig jaar, namelijk dat hij, hoe atypisch ook, gedurende een meerdaagse koers beter wordt naarmate de koers vordert. Het mooiste bewijs van zijn grote herstelcapaciteit is de twintigste plek bij de afsluitende tijdrit.

Na de Giro d'Italia is alle twijfel over Julius' waarde voor de ploeg verdwenen. Zijn contract loopt aan het einde van dit seizoen af, maar de ploegleiding ziet geen reden om te wachten tot juli, de periode waarin normaal gesproken over contracten wordt onderhandeld – ze leggen hem nu al een nieuwe, tweejarige, verbeterde overeenkomst voor. Zijn manager voert wel enkele gesprekken met overige ploegen, ploegen waarbij Julius meer koersen zou kunnen rijden en meer kansen zou krijgen om in de aanval te gaan, maar tot concrete aanbiedingen leidt dat niet.

De uitstekende tijdrit op de laatste dag van de Giro lijkt perspectief te bieden voor het NK tijdrijden halverwege juni. Ertussen zit een maand zonder wedstrijden, dus Julius kan zich een paar weken lang specifiek voorbereiden. Schep schrijft een programma dat ervoor moet zorgen dat hij in Emmen een tijdrit kan afleveren waarbij hij een gemiddeld vermogen levert van ongeveer vijftien watt meer dan in de tijdrit in de Giro – het zou hem in de buurt van de zege moeten kunnen brengen.

Het lukt niet. Julius rijdt een tijdrit die qua vermogen vrijwel identiek is aan die van de Giro. Het brengt hem naar plek vijf, op anderhalve minuut van winnaar Tom Dumoulin. Peter Schep: 'Dat dat niet lukte was natuurlijk jammer. Maar het zegt ook wel wat. Hij rijdt aan het einde van een grote ronde net zo goed als op het NK. Dat zegt in ieder geval dat hij een uitzonderlijk herstelvermogen heeft.'

Het zijn allemaal signalen die Schep, samen met collega's van de ploeg en Julius zelf, op de juiste manier probeert te interpreteren om in te schatten wat nou de ideale wedstrijdvoorbereiding is voor Julius. Inmiddels denkt hij in ieder geval een antwoord te hebben op de vraag of Julius beter tot zijn recht komt in eendaagse of meerdaagse wedstrijden: 'Hij presteert tot nu significant beter in rittenwedstrijden, hij haalt aan het einde van een rittenkoers zijn hoogste niveau. Dus we hebben al eens protocollen in zijn schema omgedraaid om te zorgen dat hij semi-vermoeid een eendagskoers ingaat. Om te kijken of we daarmee hetzelfde resultaat kunnen bereiken. Daar hebben we verschillende trainingen voor bedacht, Julius bewust gemaakt van waar we mee bezig zijn en waarom. En tot nu toe hadden we daar de ene keer succes mee, de andere keer minder. Dus voor wat betreft die eendaagse koersen hebben we het lek nog niet helemaal boven. Het kan er ook mee te maken hebben dat er in eendaagsen vaak net wat explosiever wordt gereden dan in etappekoersen, en dat hij daar moeite mee heeft.' Schep is ver teruggegaan bij het uitzoeken in wat voor koersen Julius in het verleden goed presteerde, tot bij de beloften: 'Dan zie je dat hij eendaagse wedstrijden in Limburg op één been naar zijn hand heeft gezet. En toen waren we ook niet bezig met hem drie dagen van tevoren al vermoeid maken om hem juist af te stellen. Dus we hebben nog steeds wat uit te vogelen.'

Gaviria's kippenvel

Op 21 juli 2021, 350 dagen na zijn val in Polen, wint Fabio Jakobsen weer een koers. Het is de tweede etappe van de Ronde van Wallonië en op het Circuit van Zolder klopt hij zijn voormalig ploeggenoot Fernando Gaviria.

Vrijwel alle media – sport of geen sport – pakken er breed mee uit. De renner die er niet meer had moeten zijn is er nog en binnen een jaar doet hij alweer wat hij daarvoor deed: winnen. De reactie van publiek en ploeggenoten is uitgelaten, Fabio krijgt direct een telefoontje van ploegbaas Lefevere: gefeliciteerd, op naar meer.

Het is een prachtige overwinning en voor de camera oogt Fabio blij en intens tevreden, maar het haalt het niet bij de verrukking die van zijn gezicht viel af te lezen na het bereiken van de 147ste plaats bij de eerste etappe in de Ronde van Turkije. Daar weer starten was een doorbraak, meer waard dan welke overwinning ook. Deze zege is prachtig, maar ook eentje die eraan zat te komen. Geredeneerd vanuit Fabio zelf tenminste. In Turkije kwam er de bevestiging dat hij het nog durfde, in de Algarve dat de inhoud groeiende was. Tijdens een hoogtestage en in de Dauphiné werkte hij verder aan zijn motor, de kracht- en sprinttraining in juni en juli maakten hem weer tot sprinter.

Achteraf: 'Ik was alleen maar aan het wachten op een kans. En als het die dag niet was gebeurd, dan was het wachten op de volgende kans. Het moet dan nog wel gebeuren, maar het is niet zo dat ik in Wallonië dacht: nu kan ik weer winnen. Eigenlijk wist ik dat al.'

Het doet me denken aan wat Lennard Hofstede, renner van Jumbo-Visma en een goede vriend van Fabio, tegen me zei toen ik hem vroeg waar volgens hem Fabio's onderscheidend vermogen ligt als topwielrenner, wat hem anders maakt dan 'gewoon' een goede renner. Hofstede: 'Wat ik bijzonder aan Fabio vind is dat ik bij hem altijd het idee heb dat hij dingen van tevoren al ziet gebeuren. Dat klinkt misschien heel gek of zweverig, maar ik bedoel: hij visualiseert volgens mij al heel veel en weet precies wat hij wil, waar hij naartoe wil en hoe hij dat gaat doen. Soms heb ik het idee dat als hij een doel realiseert, iets wint dus, dat dat in zijn hoofd al eerder was gebeurd. Het hoefde alleen nog maar in het echt te gebeuren. Ik zie dat bijvoorbeeld ook bij mijn ploeggenoot Primož Roglič. Dat soort mannen, die weten... het is eigenlijk al gebeurd in hun hoofd. Daarom zijn ze op het moment dat de kansen zich voordoen veel meer ready dan anderen om ze ook te pakken. Als je dat kan, en dat kunnen er volgens mij maar heel weinig, dan zorgt dat er volgens mij ook voor dat je heel effectief kunt trainen en dat het relatief gemakkelijk is om voor je doelen te leven. Het is immers levensecht, wat je voor je ziet.'

Op mijn opmerking dat er veel meer sporters zijn die weten waar ze naartoe willen en die daar heel veel over nadenken en de vraag wat dan het verschil is tussen hen en renners als Fabio en Roglič: 'Dit zijn mannen die nadenken over wat ze willen, maar daarbij veel minder of geen beperkingen zien. Ik heb zelf ook wel een droom om Luik-Bastenaken-Luik te winnen. Maar in mijn hoofd is er nu nog te veel dat zegt: dat kan niet. Ik denk dat deze jongens die beperkingen niet zien en juist wel de redenen waarom ze hun doelen wél zouden bereiken. Komt dat nou omdat ze fysiek zo getalenteerd zijn? Nou, natuurlijk speelt dat mee. Maar ik denk ook dat dit soort mannen zich vooral onderscheiden door hoe ze zijn, door hoe ze denken.'

De laatste etappe in Wallonië, een zware, heuvelachtige rit waarbij slechts een man of vijftig in het peloton de finish bereiken, sprint Fabio weer naar de winst. Het is deze zege die hem, veel meer dan die van drie dagen geleden, doet realiseren dat hij bezig is om heel dicht bij zijn voormalige topniveau te komen. Het zorgt ervoor dat hij voor de Vuelta a España, te beginnen over drie weken, zijn doelen weer bijstelt – precies zoals hij al doet vanaf het moment dat hij zijn ogen opende op de intensive care in Polen en zoals hij dat eigenlijk daarvoor ook al deed, vanaf de nieuwelingen. Fabio: 'Toen ging het van het doel om in Spanje minimaal twee weken in koers zijn, naar: ik wil een rit winnen en ik wil hem uitrijden.'

De sprint naar de eerste gewonnen etappe in Wallonië leverde nog even een hachelijk moment op, een moment dat Fabio bijna in de remmen deed knijpen. De finish lag op het Circuit van Zolder, een asfaltstrook die veel te breed is voor een wielerkoers. De organisatie heeft vanaf een meter of 300 dranghekken geplaatst om het peloton naar binnen te dwingen tot een strook van ongeveer twee rijstroken breed. Als Gaviria zijn sprint inzet en vanaf het midden van de weg licht naar links uitwijkt en dat daarna nog eens lijkt te gaan doen, is er bij Fabio heel even twijfel – aanzetten of remmen. Omdat Gaviria voelt dat zijn concurrent links van hem opkomt, corrigeert hij zijn beweging en stuurt tijdens zijn sprint iets terug naar het midden van de weg, waarmee hij Fabio de ruimte geeft om te sprinten.

De volgende ochtend zoekt Fabio Gaviria op bij de start van de volgende etappe.

'Thank you Fernando, for yesterday, for giving space.'

'Of course Fabio, for you of course.'

Dan ziet Fabio wat zijn comeback doet met collega-renners, ook met concurrenten als Gaviria – ondanks de zomerse temperatuur heeft de Colombiaan het kippenvel op zijn armen staan. Fabio slaat zijn arm om hem heen en trekt hem even naar zich toe.

Een jaar later

Augustus 2021, Krakau, Polen

Er zijn een jaar en een week verstreken sinds de bijna fatale crash in Katowice. Het is de laatste etappe van de Ronde van Polen van 2021. De vroege vlucht van vijf renners is, met drie kilometer te gaan, nog altijd niet ingerekend. Achter de kopgroep controleert Deceuninck–Quick-Step lange tijd de wedstrijd voor João Almeida, drager van de leiderstrui en voor sprinter Álvaro Hodeg – de achterstand wordt steeds op ongeveer twee minuten gehouden. Later assisteert UAE Team Emirates – zij hebben met Fernando Gaviria ook een sprinter in de gelederen. In de kopgroep: Gianni Moscon (INEOS), Pieter Vanspeybrouck (Intermarché-Wanty-Gobert), Alexis Renard (Israel Start-Up Nation), Matteo Jorgenson (Movistar) en Julius van den Berg (EF Education-Nippo).

De bespreking bij EF was kort vanmorgen. De ploeg staat deze week nog met lege handen en vandaag lijkt een massasprint bijna onafwendbaar. EF heeft geen sprinters en dus is er maar één mogelijkheid om te winnen: aanvallen. Ploegleider Breschel voegt Julius toe dat dit zijn kans is, dat als hij erin gelooft te kunnen winnen, nog een winnaar te zijn, hij vandaag zijn kans moet pakken.

Tot heel kort voor hij afreisde naar Polen twijfelde hij over zijn deelname. Hij ging twee keer eerder van start in de Ronde van Polen en beide waren traumatische ervaringen. In 2019 zag hij leeftijdsgenoot Bjorg Lambrecht zijn dodelijke val maken, in 2020 verloor hij bijna een van zijn beste vrienden. De twijfel hield lang aan, maar uiteindelijk hakte hij de knoop door met een nogal pragmatisch argument: 'Als ik voortaan de koersen mijd waar iets is gebeurd, dan kan ik over een paar jaar nergens meer starten…' Wat ook hielp was dat de Amerikaan Logan Owen EF's kopman is, een jongen met wie Julius uitstekend overweg kan en voor wie hij graag werk verzet.

Vanmorgen werd Julius wakker in het hotel waar hij een jaar geleden verbleef op de dag van Fabio's crash, het hotel waar hij panisch van angst geen oog dichtdeed. Daarnet, op weg na naar de teambus, terwijl hij telefoneerde met Froukje, passeerde hij de plek waar Thijs Jakobsen hem aan zijn borst drukte.

Julius is in zijn element in de kopgroep. Als hij een hele dag hard mag rijden, als hij mag doen waar hij goed in is, dan doet hij wat hij het liefste doet. Het is racen zonder negatieve druk – zonder een aflopend contract of iets anders onheilspellends. Vandaag is er alleen de druk die hij zichzelf oplegt: die van willen winnen en laten zien dat hij nog steeds heel hard kan fietsen. Als op 2,5 kilometer van de meet de mogelijkheid dat de groep standhoudt reëel lijkt, besluit Julius vooral te letten op de renner die de sterkste lijkt, de renner met de grootste erelijst ook: Gianni Moscon. Als die geen kopwerk meer doet, volgt Julius zijn voorbeeld, hij neemt plaats in Moscons wiel. Jorgensen blijft onverminderd hard op kop rijden, wellicht uit angst voor een voortijdige ontsnappingspoging.

Op 500 meter van de finish is de voorsprong van de koplopers nog tien seconden. Zodra de beelden worden getoond van de vaste camera, opgesteld vooraan bij de finishlijn, zie je de vijf komen, daarachter het op hol geslagen peloton, de sprintersploegen voorop. Dat de weg iets afloopt vergroot het gevoel dat je krijgt dat de kopgroep heel snel overlopen gaat worden. Op 400 meter doet Reynard heel even of hij aanvalt, maar direct houdt hij de benen weer stil.

Eenmaal aangekomen in Polen was Julius blij met zijn beslissing te gaan. De sfeer in de ploeg is uitstekend, de benen voelen goed en iedere dag zit hij een beetje onbevangener op zijn fiets. Wel is hij veel bezig met wat er twee jaar geleden gebeurde met Bjorg Lambrecht. Kennen deed hij Lambrecht niet heel goed, maar nadat hij zag wat er vorig jaar met de familie Jakobsen gebeurde, bij een drama dat uiteindelijk nog goed afliep ook, denkt hij veel aan wat de Lambrechts hebben doorgemaakt en aan wat ze nog steeds moeten doormaken. Hij neemt zich voor: mocht ik deze week de kans krijgen om te winnen, dan is mijn overwinning voor Bjorg en de familie Lambrecht.

Julius merkt niet op dat het peloton gevaarlijk dichtbij komt. Hij is volledig gefocust op andere koplopers, Moscon in het bijzonder. Maar Moscon gaat niet aan, en ook de anderen wachten af. En dus kiest Julius op 250 meter zelf voor de aanval. Hij stuurt iets naar buiten en zet zijn sprint in, de Fransman Reynard in zijn wiel. Het is sprinten met volle overgave, zijn hoofd bijna krampachtig schuddend. Ook wie niets van wielrennen weet, wie voor het eerst een renner ziet sprinten, en wie geen idee heeft van wat Julius de afgelopen periode heeft moeten verstouwen, zal bij deze beelden opmerken: dit is iemand die *all out* gaat voor een kans die zelden voorbijkomt.

Op het moment dat je verwacht dat Vanspeybrouck langszij komt blijft de Belg hangen. Daarachter lijken ook Jorgensen en Moscon moegestreden – ze komen niets dichterbij.

Als Julius de lijn passeert houdt hij zijn linkerhand aan het stuur, met zijn rechter wijst hij omhoog. Voor Bjorg. Hodeg voert het aanstormende peloton aan, drie seconden te laat.

Een jaar na de meest traumatische ervaring uit zijn leven behaalt Julius van den Berg, in hetzelfde land, in dezelfde koers, zijn allereerste prof-overwinning. Door te koersen zoals hij deed als laatstejaars in 2018. Met overgave, maar ook met slimheid. In 2018 noemde ploegleider Michel Cornelisse hem een echte killer, nu gebruikt huidige ploegleider Matti Breschel de metafoor van een sluipschutter: '*He rode like a sniper. So so smart… Pulled the trigger at exactly the right moment.*' Die avond post Breschel drie foto's op zijn Instagramaccount – eentje van Julius die de lijn passeert en met zijn vinger richting hemel wijst, eentje waarbij hij champagne over zijn hoofd giet, en een groepsfoto van team en begeleidingsstaf. Vooral de laatste is het opzoeken waard, en let dan vooral op de blik van de roodgekuifde Nederlander in het midden. Het is een blik die heel

veel verraadt: opluchting, opgetogenheid en intense voldaanheid. Aan alle kanten lijkt hij uit te stralen: het was het allemaal waard, dit is het mooiste beroep van de wereld. Breschels bijschrift bij de foto's, inclusief knipoog over Julius' Nederlandse grote mond:
@juliusvandenberg claims his first world tour win in Poland. Dutch attitude straight up… love it!!!

Twintig minuten na Julius' overwinning wordt, bijna 3000 kilometer verderop, in Burgos, Spanje, Fabio Jakobsen tweede in de eerste massasprint van de Vuelta a España 2021. Twee dagen later zal hij winnen.

V

DOORGAAN

Fokking Polen

Als Fabio op de dag dat Julius wint in Polen tijdens de tweede etappe van de Vuelta zelf als tweede achter Jasper Philipsen over de lijn rolt, heeft hij flink de pest in. Hij heeft het gevoel dat hij had kunnen winnen, maar moest te veel werk verzetten om na een klimmetje op drie kilometer van de meet vooraan in het peloton te komen. Dat, uitgerekend in Polen, zijn vriend Julius de etappe heeft gewonnen, hoort hij pas twee uur later, als hij in het hotel aankomt. Delore appt hem een foto van Julius die, een arm omhooggericht, de finish passeert. Dan, op WhatsApp:

Fabio: 😄😄😄😄😄😄😄
Gefeliciteerd maat!
Trots op je
👊❤️
🎉🎉🎉🎉🎉🎉🎉

Julius: *Thanks pikkie*
Gvd
Cirkel is rond
Fokking Polen

Fabio: *Juist*
Echt klasse
👊👊👊👊👊
Proost
Van genieten maat
Voor Bjorg

Julius: *Komt goed!*
Jij 2e hoorde ik

Fabio: *Maakt niks uit*
Jij maakt m'n dag goed
Ben blijer met een overwinning van jou

Julius: ♥♥♥♥

In Polen is Julius enigszins overweldigd door de uitzinnige vreugde bij ploeggenoten, ploegleiders en alle anderen rondom het team. Kopman Logan Owen zegt hem dat als hij iemand deze overwinning gunde, het Julius is. Matti Breschel houdt niet op foto's te maken, achteraf zal hij zeggen dat het met afstand zijn mooiste overwinning was als ploegleider. Zelf is Julius vooral opgelucht. Dat hij het nog kan, dat hij nog de benen heeft om te winnen én het spelletje nog kent dat hij sinds 2018 niet meer heeft gespeeld. Later, voor het eerst even alleen op zijn hotelkamer, vraagt Julius zich af of het nou toevallig is dat hij juist vandaag op deze plek wint. Achteraf: 'Ik geloof eigenlijk normaal niet in dat soort dingen, maar ik vraag me wel af of ik juist daarom toen, daar, iets extra's kon. Het voelt in elk geval wel zo...'

Het grote voordeel van winnen bij de laatste etappe van een meerdaagse koers wordt die avond in Krakau ten volle benut. Na het diner gaat de voltallige ploeg de stad in, inclusief ploegleiders. De volgende dag, als Julius met een stevige kater thuis in Amsterdam naast Froukje op de bank zit: 'Ik ben mijn talent dus toch niet kwijt...'

Twee dagen later wint Fabio Jakobsen de vierde etappe van de Vuelta a España. Na een technische finale met meerdere bochten in de laatste kilometer en een licht oplopende laatste strook klopt hij Arnaud Démare. Het betekent dat hij, drieëntwintig maanden na zijn laatste overwinning in de Vuelta, terug is op het niveau waar hij vandaan komt. Was hij met de gewonnen sprints in de Ronde van Wallonië weer winnaar, nu is hij dat ook weer op het hoogste niveau.

Hij zal in de Vuelta van 2021 nog twee etappes winnen, net als de groene trui voor het puntenklassement. Dat de ploeg zijn groene trui verdedigt zorgt ervoor dat Fabio tijdens de bergetappes meer helpers bij zich heeft dan twee jaar geleden. Dat is nodig ook, want hij ziet een stuk meer af dan toen, blijkbaar mist hij toch nog inhoud en wreken de maanden van inactiviteit zich nu. In 2019 hoefde hij weinig moeite te doen om de andere matige klimmers te volgen, nu zit hij op de limiet. Op de een na laatste etappe komt hij, in het gezelschap van zijn voltallige ploeg, op eenenveertig minuten van ritwinnaar Champoussin over de finish op de top van de top van de Alto Castro de Herville. Enkele momenten later staan ze samen onder de finishboog – Fabio in het groen, tilt zijn fiets, ook groen, boven zijn hoofd. De trui is binnen.

Dat het succes in de Vuelta de buitenwereld versteld doet staan, is volstrekt logisch. Maar wie Fabio kent en hem volgt weet inmiddels ook dat verbazen, meer leveren dan de buitenwereld verwacht, voor hem bijna de norm is, hij deed het vanaf het moment dat hij zijn profcontract tekende en eigenlijk de jaren ervoor ook al. Lennard Hofstede: 'Ik zei het voor de Vuelta al tegen een paar vrienden: die gaat daar gewoon weer winnen. Ik merkte in die weken ervoor als ik hem sprak: in zijn hoofd was het alweer gebeurd. En dan gaat hij erin met het idee: dit gaat gebeuren. En dan doet hij het.' Ploegbaas Patrick Lefevere op de vraag of Fabio's optreden in Spanje hem verbaasde: 'Nee. Nee, het verbaasde mij niet. Zijn lijf was in orde, zijn hoofd ook, dat wisten we. Er was geen enkele reden waarom hij niet weer zou gaan winnen.'

'Hair on his chest'

EF Education-EasyPost is blij met Julius van den Berg. Met de rol die hij in grote ronden vervult, met hoe hij zich zonder voorbehoud volledig geeft voor de ploeg. Dat laatste deed hij in de koers altijd al, maar er is ook opgetogenheid over de gegroeide beroepsernst, over wat hij doet en niet doet náást de fiets. Peter Schep heeft, eerst bij SEG en later bij EF, geregeld met Julius moeten worstelen. In het begin vond hij dat geen punt, zag hij zijn speelsheid en nonchalance als een onderdeel van het nog jong zijn. Later, bij de profs, begon het te schuren. Zoals op momenten dat hij nauwelijks feedback van Julius kreeg over de trainingen. Schep: 'Dan kon hij zomaar zonder overleg trainingsdagen omwisselen bijvoorbeeld. Dat kan soms prima, maar soms ook juist niet, ik schrijf die programma's wel met een reden. Dus als hij iets wijzigt, dan wil ik wel dat hij aangeeft waarom hij dat doet. Het is wel eens zover gekomen dat ik tegen hem zei: als jij mij niet de informatie verstrekt die ik nodig heb om jou goed te kunnen begeleiden, dan doe ik het liever helemaal niet.'

Die houding is verleden tijd. Schep, in het voorjaar van 2022: 'Julius is nu supercorrect in het delen, het afstemmen, het uit zichzelf met dingen komen… Een paar weken geleden had hij weer een tijdje geen wedstrijden. In plaats van verongelijkt te gaan zitten gaat-ie dan een trainingsweek organiseren in Luxemburg met Cees Bol en Pascal Eenkhoorn.' Het is dit soort dingen dat volgens Schep getuigt van beroepsernst: 'In dit geval is dat: mensen om je heen verzamelen met wie je goed kunt trainen, die jou pijn kunnen doen, maar met wie je het 's avonds ook gezellig kunt hebben. Dat is het eigenlijk: nadenken over wat je nodig hebt en daar vervolgens naar handelen.'

Van het pijn lijden door anderen komt overigens weinig terecht. Volgens Cees Bol doet Julius tijdens de trainingsweek in Luxemburg verreweg het meeste kopwerk, ook op de momenten dat dat niet nodig is. Bol: 'We hebben hem een paar keer moeten afremmen. Pascal en ik doen onze oefeningen ook, die doen we ook echt hard, maar tussendoor doen we dan even rustig aan. Julius wilde eigenlijk steeds hard, ook tussen twee stevige blokken in was-ie nog aan het doorbrommeren. Hij had zichzelf voor die week, op eigen verzoek volgens mij, ook nog opgezadeld met een vijf- en een tienminutentest dat hij all out moest.'

Matti Breschel werd, nadat hij in 2019 in dienst bij EF stopte als wielrenner, direct ploegleider en rennersbegeleider bij dezelfde ploeg. Een van de renners die hij onder zijn hoede kreeg was Julius van den Berg. Het is een verhouding van coach-sporter, maar het feit dat de twee elkaar leerden kennen als collega-renners maakt dat de band eerder vriendschappelijk van aard is dan hiërarchisch. Ook Breschels kennismaking met Julius kende een valse start, al wijt de eerste dat achteraf vooral aan zijn destijds '*too big of an ego*'. Tijdens de BinckBank Tour van 2018, Julius' eerste profkoers, stond Breschel in de Limburgse heuvels op het punt van lossen, toen Julius, in blakende vorm, met een grijns van oor tot oor naast hem kwam rijden. '*How are you?!*' vroeg hij, om vervolgens, zonder het antwoord af te wachten, aan te zetten en weg te rijden. Dezelfde middag, toen Breschel de ploegbus binnenstapte, zat de rookie van de ploeg al op zijn stoel, onderuitgezakt, zijn voeten op de stoel ervoor. Weer klonk het: '*How are you?*', weer die grijns. Breschel reageerde furieus: '*If you ever again ask me how I am, I promise, I will break your nose.*'

Breschel, nu: 'Julius was daar niet echt handig, maar mijn eigen ego zat me ook wel in de weg. Ik had er moeite mee dat ik minder werd, dat ik een roestige prof aan het worden was. Later, toen ik ploegleider werd, vond ik het eigenlijk mooi om dat te zien, dat zo'n jonge jongen een beetje cocky is. Nu heb ik ook wel het idee dat hij eerst even nadenkt voor hij iets eruit floept, dat was eerst andersom, haha. Zijn gedrag, de manier waarop hij zich gedraagt in de groep is gewoon prachtig. Hoe hij in de groep is, de energie die hij brengt aan de eettafel. Altijd een goed humeur, altijd lachen, ook als het slecht gaat. En natuurlijk zit daar wel eens een plaagstootje tussen, dat is toch mooi? En hij is volwassener, hij is wel vader inmiddels, hè. *He's got hair on his chest now...*' Breschel voegt daar nog aan toe: 'Wat altijd moet blijven is dat speelse in hem. Dat is *Jules*.'

Het speelse zit er inderdaad nog in. Een dikke twee weken nadat ik Julius de conceptversie van dit boek heb opgestuurd, krijg ik reactie van Froukje, ze heeft het gelezen. Haar vriend nog niet, appt ze: 'Hij heeft net FIFA 22...' Dat de vermakelijk losse, speelse en gemakkelijke Julius van den Berg nooit helemaal verdwijnt wordt ook duidelijk in *Live Slow Ride Fast*, de podcast van Laurens ten Dam. Ten Dam en host Stefan Bolt bezoeken hem en ploeggenoot Sebastian Langeveld in hun huurappartement in Girona tijdens een gezamenlijke trainingsweek. Op de vraag wie het appartement heeft geregeld antwoordt Langeveld grinnikend: 'Julius, hè... Die heeft een paar foutjes gemaakt... Als we hier wegfietsen moeten we meteen twintig procent bergop rijden, dus je rijdt hier je hoogste waardes in de eerste minuut, haha. We hebben geen avondzon en de jacuzzi mogen we niet gebruiken... Even later, op de vraag wie er kookt, weer lachend: 'Ja, gister heeft Juul de rijst ehm... wat te lang laten koken...' (gelach). Julius, met zijn kenmerkende sterke Noord-Hollandse tongval: 'Ah joh, het zalmpie was prima, hè. Ik kan niet goed koken, maar een zalmpie kan ik meestal wel lekker bakken... Maar de rijst was niet te vreten en de groenten uit de vriezer waren ook niet heel lekker, hahaha...' Langeveld: 'Ach, we hadden de calorietjes weer binnen...'

Later, in dezelfde podcast, noemt Julius de reden waarom hij wielerprof is – wat ervoor zorgt dat hij iedere dag, weer of geen weer, op de fiets stapt. Dat is niet knechten voor anderen: 'Ik heb vooral zelf nog veel ambitie. Zoals dat ritje in Polen winnen, daar doe ik het eigenlijk voor. Wedstrijden winnen, dat is toch het mooiste van het wielrennen. Ik ben wel realistisch genoeg om te zeggen: in Vlaanderen en Roubaix gaat dat nog niet lukken en als je dan iemand kan helpen in een grote ronde, zoals Carthy in de Giro, dan is dat ook mooi. Maar waar ik voor train, dat is zelf winnen.' Op de vaste vraag van de podcast, wat zijn mooiste dag ooit op de fiets was, geeft hij niet het antwoord dat je zou verwachten – de gewonnen rit in de Ronde van Polen –, maar een rit in de Ronde van Bretagne in 2018, nog als beloftrenner. 'In Polen was ik goed, maar niet de beste. In Bretagne was ik dat wel. Ik zat in de kopgroep vanaf het begin en toen het peloton bijna aansloot demarreerde ik. Toen kwam ik weer voorop te zitten met twee verse jongens die uit het peloton waren weggesprongen, twee Bretonnen. Die gingen om en om aanvallen. Maar ik was die dag écht goed. Dat je gewoon elke demarrage op kan vangen, en in de sprint klopte ik ze.'

Dat hij een moment kiest uit een beloftenkoers, eentje waarbij hij alle vrijheid had voor eigen kansen te gaan, waarbij hij zich volledig kon overgeven aan het racen, het keihard koersen, werpt weer de vraag op of hij nu, als prof, wel bij de juiste ploeg zit. Vermoedelijk zijn er teams die beter bij hem passen, die hem een uitgebreider wedstrijdprogramma kunnen bieden, waarin hij vaker finales kan betwisten. Op de vraag van Bolt welke ploeg hij vermoedt dat het beste bij hem zou passen, noemt hij die van vriend Fabio Jakobsen: Quick Step-Alpha Vinyl Team. Fabio zelf vertrouwt me later toe dat hij zich daar wel in kan vinden. 'Ik heb zijn naam hier al eens laten vallen. Niet omdat hij mijn maat is, maar omdat ik denk dat hij hier heel goed zou passen. Maar daar moet de ploeg ook van overtuigd zijn, dus als hij nog een paar mooie dingen laat zien zou het er best een keer van kunnen komen. Het zou mooi zijn.'

Dat moois komt bijna bij de Giro van 2022. Bij de voorbespreking voor de heuvelachtige etappe naar Cuneo steekt Julius als eerste zijn hand op bij de vraag wie er in de aanval wil gaan. Direct na de start doet hij dat, met zeven man, maar de groep wordt weer ingerekend. Vervolgens zet hij een nieuwe aanval op, waarbij hij vriend Pascal Eenkhoorn meekrijgt, net als de Fransman Nicolas Prodhomme en de Italiaan Mirco Maestri. De twee Nederlanders zijn de brommers, iedere keer dat een van de anderen op kop komt zakt het tempo. Tot heel kort voor de finish lijkt de groep het onderling te mogen gaan uitvechten, Julius valt aan op 1500 meter, maar wordt teruggepakt door Eenkhoorn en op 300 meter van de finish komt het peloton eroverheen. Julius baalt flink, weet dat dit soort kansen zich misschien één keer per seizoen voordoet, maar heel lang loopt hij er ook niet mee rond. Hij heeft een paar dagen met buikgriep rondgereden, finishte in de bergetappe naar Blockhaus als allerlaatste nadat hij al bij de eerste col was gelost en nu, op het moment dat hij weer fit is, staat hij er direct. Opnieuw is hij goed in het tweede gedeelte van een meerdaagse wedstrijd, opnieuw onderscheidt hij zich op het moment dat bij de meeste anderen de vermoeidheid de overhand krijgt. Hij liet het dit voorjaar ook weer zien in de loodzware etappekoersen Coppi e Bartali en Parijs-Nice.

Sebastian Langeveld denkt even na voor hij reageert op de vraag of Julius nog ergens winst kan behalen. Langeveld is zeventien jaar prof en heeft genoeg collega's voorbij zien komen om niet te snel te zeggen of iets goed of fout is. Hij stelt tijdens ons gesprek een paar keer hardop de vraag: 'Is dat verkeerd?', om vervolgens te zeggen: 'Ik denk het niet.' Over Julius: 'Als mens is hij niet heel anders dan drie jaar geleden, Julius is zoals hij is en dat moet ook. Maar als ik kijk naar het soort prof dat hij nu is, is daar wel een verschil. Hij heeft veel meer beroepsernst dan in 2019. Julius rendeert volgens mij het beste in een ploeg waarin hij zich begrepen voelt. Inmiddels is dat zo bij ons, na wat strubbelingen. Ik denk dat hij een balans aan het vinden is tussen het sociale en datgene wat je als prof moet doen en laten om te kunnen presteren. Julius is niet het type dat negen weken op een berg kan zitten om op hoogte te trainen, weg van zijn gezin en zijn vrienden. Je moet hem niet vergelijken met een maniak als Froome of zo, die het hele jaar alleen maar dingen doet in dienst van het fietsen.' Matti Breschel zegt iets soortgelijks, om daar nog aan toe te voegen: 'Ik denk dat Julius ook meer vrienden heeft dan Froome. Dus zeg jij maar wat goed of verkeerd is.' Cees Bol: 'Julius kent zichzelf nu beter, weet ook dat hij baat heeft bij afgebakende periodes waarin hij alles doet voor het fietsen. De periodes daartussenin heeft hij net zo veel nodig.'

Langeveld: 'Hij heeft zeker een heel groot talent voor fietsen, maar in de finetuning zie ik nog wel ruimte. Dus bijvoorbeeld na een grote ronde zijn vorm vasthouden en kort daarop een doel stellen, een NK tijdrijden of zo. Ik denk en hoop dat hij een hele lange carrière kan hebben als wielrenner. Hoever zijn fysieke mogelijkheden reiken vind ik moeilijk te zeggen. Kijk naar Polen. Dat soort dingen zie ik hem vaker doen. Hij is een hele goede renner, op meerdere terreinen inzetbaar en hij kan zijn momenten pakken.' Dan, na een korte stilte: 'Ikzelf heb bij Julius een beetje het gevoel dat hij… dat we zeker het beste nog niet van hem gezien hebben.'

Mogen wordt moeten

Anno 2022 is Julius van den Berg een stabiele, gerespecteerde prof. Maar nog niet stabiel genoeg, vindt hijzelf. Precies daarom werkt hij inmiddels intensief samen met een sportpsycholoog. Om beter te leren omgaan met de mentale roadblocks die zo nu en dan blijven opdoemen. Op momenten heeft hij namelijk nog moeite met de druk die hoort bij het profbestaan. Julius: 'Het is gewoon een heel onzeker bestaan. Je krijgt een nieuw contract voor twee jaar en je begint weer opnieuw. Dan heb je soms ook nog de onzekerheid over het voortbestaan van het team, dat soort dingen… Je denkt: het zou zomaar klaar kunnen zijn. Ook met je lichaam. Mijn broer brak zijn been op een heel nare manier, als zoiets mij overkomt, dan is het wel klaar. Kijk naar Moreno Hofland, die moest stoppen met fietsen omdat hij een zuurstoftekort had richting zijn buik. Ja, je verzint het niet, maar het gebeurt en het is klaar… Het is zo'n dunne lijn. Als je werkt bij de Albert Heijn of achter een bureau en je breekt je been, dan kun je je werk nog prima doen.' Ook de angst voor iets met zijn hart steekt nog wel eens de kop op. De aanblik van de Deense voetballer Christian Eriksen die in de EK-wedstrijd tegen Finland een hartstilstand kreeg, had het nodige effect. 'Dan ga je toch denken: die wordt ook supervaak gecontroleerd en toch gebeurt zoiets. Het kan zomaar over zijn.'

Met voorbeelden als die van Fabio Jakobsen, Bjorg Lambrecht, Moreno Hofland en bij de beloften Peter Lenderink, dringt de kwetsbaarheid van de profwielrenner zich regelmatig aan Julius op. Misschien is het wel juist omdat hij iemand is die niet alleen wielrenner wil en kan zijn, maar ook vader, partner, zoon en vriend, dat hij zich soms afvraagt of de risico's die hij loopt niet te groot zijn. Het groteske en misschien zelfs perverse van het wielerbestaan is dat degene die zich het beste weet af te sluiten voor dit soort volstrekt menselijke angsten, daar vaak voor wordt beloond – vaak presteert die renner beter. Het brengt ons terug bij de constatering dat het wielerpeloton een verzameling is van extremelingen. Wie zonder angst en twijfel is, weet zich prima te redden, wie dat niet is heeft het moeilijk. De schijnbare tegenstelling: hoe normaler de mens, hoe groter de worsteling.

Dan is er ook nog die andere vorm van druk waarmee de wielerprof te maken heeft. Julius presteerde het beste als belofte, toen hij zijn motivatie haalde uit het racen zelf, het laten zien hoe goed hij was én het winnen. Dat is een motivatie die voorwaarts is gericht – je werkt ergens naartoe. En slaag je er als belofte vaak genoeg in te laten zien wat je kan, dan ligt er ook nog een profcontract in het verschiet – allemaal positieve prikkels dus.

Is dat contract er eenmaal, dan ontstaat er een totaal andere situatie, eentje waarbij de druk in zekere zin van achteren komt, hijgend in je nek. Want ben je prof, dan wil je het ook blijven, helemaal als je een gezin hebt en een hypotheek. Hobby wordt werk, mogen wordt moeten. Wie daar het beste mee om kan gaan heeft een grote voorsprong op de rest. De vraag die Peter Schep in het voorjaar van 2021 opwierp – 'wat is het verschil tussen de belofte Julius en de prof Julius?' – kon hier wel eens, op zijn minst gedeeltelijk, mee beantwoord zijn.

Julius kan op dat terrein – het omgaan met de druk van achteren – nog veel winnen en dat weet hij. Het is precies de reden dat hij er, samen met een sportpsycholoog, hard aan werkt om een stabielere, betere prof te worden; eentje die iets beter is toegerust om zich te handhaven tussen die andere extremelingen.

Eerste kans, eerste Touretappe

2 juli 2022
21 kilometer te gaan

Gisteren startte, in Denemarken, de Tour de France. Winnaar van de openingstijdrit, Yves Lampaert, nu in het geel, rijdt achter het peloton, samen met ploeggenoot Michael Mørkøv. De twee zijn op 20 kilometer van de meet gevallen, hun achterstand is een minuut. De renners rijden westwaarts over de 18 kilometer lange Grote Beltbrug, die de eilanden Funen en Seeland met elkaar verbindt. De finish ligt in Nyborg. Voor de start liet Lampaert weten dat hij, geel of niet, in dienst zou rijden van ploegmaat Jakobsen. Hij en Mørkøv, de beste lead-outman ter wereld, moeten zo snel mogelijk terug naar het peloton. Ze hebben werk te doen voor hun kopman: Fabio Jakobsen, bezig aan zijn eerste Tour de France.

Het is Fabio's eerste volledige seizoen sinds zijn val in Polen. Na een uitstekende winterperiode zonder fysieke belemmeringen ('Ik heb de afgelopen winter gedaan wat ik deed in de winter voordat ik viel. Eigenlijk was dat copy-paste.'), startte hij het seizoen beter dan ooit. Bij de eerste koers, de Ronde van Valencia, begin februari, is het bij de eerste sprint direct raak met winst vóór Molano en Viviani. Ook de vijfde en laatste etappe wint hij, dit keer voor Viviani en Kristoff. Het levert hem de puntentrui op. Een dikke week later, in de Ronde van de Algarve, gebeurt hetzelfde. Fabio wint twee etappes en de puntentrui, in een veld met onder meer Merlier en Kristoff.

Acht kilometer te gaan

Met nog vier kilometer te gaan voor het einde van de brug, meldt Quick Step-Alpha Vinyl zich voor het eerst vooraan in het peloton. Lampaert en Mørkøv zijn inmiddels teruggekeerd en Florian Sénéchal, in de Franse kampioenstrui, rijdt helemaal links van de weg aan kop, kort langs de vangrails. Achter hem de rest van The Wolfpack. Op Lampaert na, die bezig is om langzaamaan naar links op te schuiven, in de richting van zijn ploegmaats. Hij lijkt geen haast te maken, maakt nog een praatje met een renner van Alpecin-Fenix. Hij heeft er blijkbaar alle vertrouwen in dat hij op tijd op de plek zit waar hij moet zitten.

In de aanloop naar voorjaarsklassieker Kuurne-Brussel-Kuurne liet Fabio op *Wielerflits* optekenen zich sterker te voelen dan ooit: 'Mijn vorm is alvast goed. Ik denk dat ik nog nooit zo goed ben geweest. Als ik kijk naar mijn powerdata, het gevoel op de fiets, het gevoel in de koers, hoe ik herstel – het is net iets beter dan andere jaren.' Het lijkt er tot enkele tientallen meters voor de finish in Kuurne op dat vluchters Van der Hoorn, Laporte en Narvaez voorop blijven, maar ze worden op het laatste moment gegrepen door een sterk uitgedund peloton. Fabio gaat op 300 meter aan – bij gebrek aan een eigen lead-out springt hij slim naar de vluchters toe om van hun slipstream (de wind is tegen) te kunnen profiteren. Dat lukt. Caleb Ewan volgt in zijn wiel, maar mist de snelheid om ernaast te komen, Fabio wint Kuurne-Brussel-Kuurne. Na de finish, bij Eurosport: 'Maar als ik hier van de fiets stap, dan denk ik gelijk aan dat wij hier allemaal vrij zijn. We kunnen hier doen wat we willen. Dan denk direct aan Oekraïne en wat daar aan de hand is. Dat maakt me heel stil...' Een tweet van Thijs Zonneveld die middag: 'Van de laatste zestien massasprints waaraan hij meedeed won Jakobsen er twaalf.'

Zeker zo indrukwekkend is de zege in Parijs-Nice, een week later. Na een loodzware etappe met veel wind en waaiers komt hij op honderd meter van de finish, in een flauwe bocht, met schijnbaar speels gemak om Wout van Aert en Christophe Laporte heen. Achteraf noemt hij het 'misschien wel mijn mooiste overwinning tot nu'. Niet in de laatste plaats door wat Wout van Aert, een renner over wie hij zegt dat hij tegen hem opkijkt, na afloop laat optekenen: 'Uiteindelijk is Fabio de verdiende winnaar. Hij is de sterkste sprinter van het moment.' Fabio: 'Dit is speciaal voor me. Ik heb wel vaker sprints gewonnen, maar dit is van een ander niveau.'

5,4 kilometer te gaan

Het peloton maakt, van boven bezien, een U-vorm; het middengedeelte zakt weg, aan de buitenkanten komen renners naar voren. Lampaert schuift een laatste stuk op naar links, voegt in bij de rij van zijn ploeggenoten. Florian Sénéchal neemt de kop over van Mikkel Honoré. Sénéchal, de ploegmaat die Fabio's leven redde op de straten van Katowice en die daarna een nacht lang panisch van angst was omdat hij ten onrechte vreesde dat hij misschien een dwarslaesie had veroorzaakt, trekt het tempo stevig op. Even later is de U-vorm verdwenen; er vormt zich een langgerekt peloton, aangeplakt tegen de linkerzijde van de weg.

Milaan-San Remo, de klassieker die Fabio ooit hoopt te winnen, wordt op het laatste moment toegevoegd aan zijn wedstrijdkalender als ploeggenoot Julian Alaphilippe ziek wordt. Het blijkt een harde les. Op 24 kilometer van de finish 'ontploft' hij op de voorlaatste beklimming, de Cipressa. Toch geniet hij: 'Dit was een droom vanaf dat ik een kleine jongen was. Om hier te kunnen rijden. Ik heb het geprobeerd, maar het was niet voor vandaag. Het was een supergoede training en mooi om mee te maken.'

Een kleine twee maanden later, in de Ronde van Hongarije, wint Fabio twee etappes en de puntentrui, al is er op de voorlaatste dag ook een gevoelig verlies als hij door Dylan Groenewegen afgetekend wordt geklopt. Het is een pijnlijke nederlaag, want het was het eerste rechtstreekse duel met Groenewegen sinds de crash in Katowice. Hij weet het te relativeren: 'De ploeg deed het perfect, maar ik had gewoon niet de benen vandaag. Ze waren een beetje leeg door het hoge tempo dat gereden werd op de laatste klim.'

4,1 kilometer te gaan

Weer die U-vorm. Links de ploeg van Fabio met daar strak tegenaan die van Dylan Groenewegen (Team BikeExchange-Jayco). Dan in het midden een gat en rechts de opgelijnde treinen van sprinters Philipsen (Alpecin-Fenix), Van Aert (Jumbo-Visma) en Ewan (Lotto-Soudal). Kort daarop positioneert die van Pedersen (Trek-Segafredo) zich naast die van Groenewegen aan de linkerkant. Even raakt de voorkant van Fabio's trein vervlochten met die van Groenewegen. Het is om en om – Groenewegens knecht Grøndahl Jansen voegt in achter die van Fabio: Cattaneo. In zijn wiel Dylan Groenewegen, schouder aan schouder met Asgreen, dan Lampaert, Mørkøv en Jakobsen. Het peloton verlaat de brug.

Tijdens een lange hoogtestage in Livigno (Italië) met vooral veel klimwerk, werkt Fabio de laatste trainingsperiode af voor de start van de Tour de France. Dat is vooral nodig met het oog op het tweede deel van de Tour, dit jaar uitzonderlijk zwaar. Tijdens de Vuelta van vorig jaar moest hij dieper in zijn reserves tasten dan ooit tevoren om bij de bergetappes binnen de tijdslimiet te finishen. Om tijdens de Tour relatief veilig te zijn is het nodig om het niveau van klimmen nog iets te verhogen ten opzichte van vorig jaar. Specifieke sprinttrainingen volgen na terugkomst in Nederland.

Dat het klimwerk in Livigno niet ten koste is gegaan van de snelheid, blijkt bij de semiklassieker Elfstedenronde Brugge, waar hij drie weken voor de Tourstart twee oud-winnaars van Touretappes achter zich laat: Caleb Ewan en Tim Merlier.

Drie kilometer te gaan

Een scherpe bocht naar rechts, dan direct eentje naar links, Fabio zit in het wiel van de gele trui, achter in het peloton valt Bob Jungels. Een paar honderd meter verderop valt Florian Sénéchal, zijn voorwiel wordt aangetikt door het achterwiel van een plots invoegende UAE-renner. De andere renners van Quick Step-Alpha Vinyl Team blijven overeind, ze bevinden zich voor de plek van de val.

Tijdens de Ronde van België, de laatste kans op het testen van de sprint – en de sprinttrein van Quick Step-Alpha Vinyl Team –, wint Fabio de laatste etappe. En dat uitgerekend op de dag dat zijn knechten al zijn opgesoupeerd bij het veiligstellen van de eindoverwinning van Mauro Schmidt bij de 'Gouden Kilometer' op 6,5 kilometer van de meet. Het laat zien dat Fabio zelfs als hij niet over zijn knechten beschikt de beste sprinters ter wereld kan verslaan – Jasper Philipsen wordt tweede.

1,6 kilometer te gaan

Asgreen rijdt nog steeds op kop voor Fabio, wenkt zijn ploegmaats om meer naar het midden van de weg te komen, beter gepositioneerd voor de komende bocht. Hij doet nu het werk dat de gevallen Sénéchal normaal gesproken had gedaan: de trein-Jakobsen tot de laatste kilometer brengen. Achter hem Cattaneo, Stuyven, Lampaert en Mørkøv, dan Jakobsen. Op 1,2 kilometer gaat Cattaneo vol aan, komt uit zijn zadel.

Op vrijdagochtend 24 juni, de dag van het NK op de weg, tref ik Fabio en Julius in Westerbork, Drenthe. Fotograaf Klaas-Jan van der Weij komt een foto maken voor het omslag van dit boek. Als ik kom aanlopen zie ik Fabio bij de gelegenheidsploegwagen, van Beat Cycling, bezig met zijn fiets. Hij draait zich om, loopt richting de camper waarin ook Julius zit, ziet me aankomen. Hij doet een paar passen mijn kant op en geeft een boks: 'Hé Menno, hoe is het? Ik hoop dat we het droog houden straks met die foto.' Daarna loopt hij vrijwel direct door naar de camper.

Er is niets onvriendelijks aan, Fabio is correct als altijd, maar wel anders dan ik hem ken. Korter van stof in ieder geval, en zijn lichaamstaal lijkt ook iets te zeggen. Dat hij even geen ruimte heeft voor bijzaken, dat hij bezig is alle niet noodzakelijke ruis te filteren, alles wat niet te maken heeft met de wedstrijd van vandaag of die van volgende week, de Tour de France. Het doet me direct denken aan iets wat Jumbo-Visma-renner Lennard Hofstede me zei over de overeenkomsten tussen absolute toprenners als Fabio en zijn ploeggenoot Primož Roglič. Hij had het over het vermogen van dat soort renners 'uit te staan' – buiten het seizoen of op momenten dat er geen grote wedstrijden aankomen, geestelijk als het ware uit te checken en zich volledig op andere zaken kunnen richten, zonder zich daarbij schuldig te voelen of zich zorgen te maken of ze iets doen dat misschien niet direct bijdraagt aan hun prestaties op de fiets. Als Fabio het type renner is dat uitstekend uit kan staan, dan is wat ik op die regenachtige ochtend in Drenthe zie het tegenovergestelde. Fabio staat aan op een manier die een extreme focus verraadt. Op de wedstrijd van vanmiddag, maar vermoedelijk vooral die andere, die over exact een week van start gaat in Denemarken. Als ik even later in mijn auto stap, noteer ik, voor ik de motor start, in de notitie-app van mijn iPhone onder tabblad 'Fabio & Julius': 'Drenthe, Fabio *in the zone*, op missie.'

800 meter te gaan

Een lichte bocht naar rechts, dan een bijna haakse naar links. Geletruidrager Lampaert rijdt nu op kop, bij het uitkomen van de bocht dreigt Fabio op een klein gaatje te komen – hij moet een tussenversnelling plaatsen. Hij houdt even in als hij naast Wout van Aert komt, wiens wiel hij het liefst heeft op het moment dat hij straks zijn sprint begint. Op 475 meter zwaait Yves Lampaert af, hij stuurt uit naar links. Het is een goedgekozen moment: het dwingt Jasper Stuyven, die de sprint van Mads Pedersen moet lanceren, eerder dan voorzien aan zijn finale inspanning te beginnen. Stuyven heeft geen andere keus dan vol de sprint aan te trekken. Achter hem Pedersen, dan Van Aert.

Al bij aanvang van het seizoen bracht Quick Step-Alpha Vinyl Team naar buiten Fabio Jakobsen mee te willen nemen naar de Tour de France. En dus niet Mark Cavendish, de beste sprinter aller tijden en op jacht naar het record van vijfendertig etappezeges in Frankrijk. Het record, vierendertig zeges, deelt hij nu nog met Eddy Merckx. Dat Cavendish in mei op indrukwekkende wijze een etappe wint in de Giro en geregeld laat horen nog altijd te hopen op Tourdeelname, houdt in de weken voorafgaand aan de Tour de gemoederen in wielerwereld bezig. Sommigen, en dan vooral de Britse wielervolgers, vinden dat de ploeg Cavendish moet meenemen – en dus niet Jakobsen. Want één ding is zeker: ze gaan niet beiden.

Op Fabio's voorbereiding heeft de onrust geen vat, hij maakt zich alleen druk om de zaken waarop hij invloed kan uitoefenen. Hij kent zijn voorbereiding, volgt die zoals gepland, schaaft bij waar nodig. Hij weet dat de intentie van de ploeg altijd is geweest om hem mee te nemen, maar tegelijkertijd dat het inherent is aan het profwielrennen, dat zaken snel kunnen veranderen – en dat een ploeg als The Wolfpack altijd zal kiezen voor de best mogelijke ploeg en dus de snelste sprinter. Het doet denken aan de winter toen de ploeg Sam Bennet aantrok, op dat moment de snelste sprinter ter wereld. Het deed Fabio even slikken, om vervolgens direct te bedenken; dan moet ik maar zorgen dat ik beter ben dan Bennett. Dat de ploeg voor het volgende seizoen inmiddels Tim Merlier vastlegde heeft eenzelfde effect op hem.

De avond voor de Tourstart op WhatsApp:

Julius: *Succes morgen strijder*
Je krijgt een hoop ellende over je heen maar onthoud dat jij de enige bent die dat plekje verdient natuurlijk
Weet je ook
Maar ik zeg het nog maar ff

Fabio: *Haha bedankt maat*
Moet zeggen dat die kritiek niet persoonlijk is denk ik
Sommigen zien Cav liever maar denk dat we het allebei verdienen

Julius: *Maar als je kijkt naar dit jaar...*
Ben jij gewoon de beste
Niet alleen vergeleken met Cav

Fabio: *De snelste moet mee*

Julius: *Ja idd*
Mooi

400 meter te gaan

Fabio heeft het wiel dat hij zocht: dat van Wout van Aert. Dan moet hij heel even inhouden omdat de laatste helper van Jasper Philipsen, Alexander Krieger, naar buiten stuurt. Sagan ziet het gat voor zich en schuift in. Nu zitten Fabio en Sagan samen direct achter Van Aert, Sagan rechts, Fabio links. Sagan wijkt uit naar links, helt wat over, geeft een schouderduw, steekt zijn elleboog naar buiten. Fabio doet hetzelfde, de renners hangen een twintigtal meters af en aan tegen elkaar aan. Dan, op 225 meter van de meet, zet Van Aert aan voor zijn finale sprint, in het kielzog van Pedersen. Stuyven houdt de benen stil, laat zich afzakken en komt zo precies op de lijn van Sagan uit. Die maakt een plotselinge zwieper naar links, Fabio doet, om overeind te blijven, hetzelfde. Het is het soort manoeuvre dat je alleen in de Tour ziet – waar de belangen het grootst zijn worden ook de genomen risico's groter. VRT-commentator José de Cauwer: 'Alsjeblieft. Nooit zie je het ergens anders op die manier!'

Met nog 150 meter te gaan komt Fabio uit zijn zadel, zet aan voor zijn sprint. Links ziet hij Van Aert, in het midden van de weg Pedersen. Er ontstaat ruimte aan de rechterkant, Fabio stuurt ernaartoe.

De druk van buitenaf op Fabio, veroorzaakt door het niet selecteren van Cavendish voor de Tour, wordt in de week tussen het NK en de Tour nog versterkt door de woorden die hij zelf uitspreekt bij een tv-interview met de NOS. Op de vraag of hij straks in de Tour zonder bijgedachten kan sprinten tegen Dylan Groenewegen is hij een paar seconden stil. Dan: 'Nee. Nee. Ik denk dat dat ook niet vreemd is. Zeker niet als er hekken in de buurt komen. Of er ontstaat een gaatje. Ik denk dat onze namen altijd aan elkaar gekoppeld zullen worden. En ik ben altijd voorzichtig en waakzaam in de sprints, maar bij hem net iets extra. Ik denk dat dat normaal is. Omdat ik bang ben dat hij afwijkt van zijn lijn. Want iets wat één keer gebeurt kan ook twee keer gebeuren.' Het is een eerlijk antwoord en strikt genomen zegt hij niets nieuws, maar het zorgt wel weer voor heftige reacties bij voor- en tegenstanders, op de online wielerplatforms en social media buitelen ze ogenblikkelijk over elkaar heen.

30 meter te gaan

Wout van Aert is zojuist, links van de weg, op gelijke hoogte gekomen met Mads Pedersen, hij schuift de Deen voorbij. Op hetzelfde moment, rechts van Pedersen, komt Fabio opzetten, passeert de twee aan de rechterkant met aanmerkelijk meer snelheid. Vijf machtige pedaalslagen later is hij bij de finishlijn. Op Van Aert heeft hij bijna een wiel voorsprong, op Pedersen een kleine fietslengte. Pas over de finishlijn steekt hij zijn armen in de lucht.

Fabio wint tijdens zijn eerste Tour de France, bij de eerste kans, zijn eerste Touretappe.

Voorbij de finish

Op het moment dat haar vriend Fabio als eerste zijn fiets over de lijn duwt staat Delore Stougje zo'n 600 meter achter de finish. Sinds Fabio zich weer mengt in sprints, kijkt ze nooit meer naar de laatste tien minuten van een koers. Is het op tv, dan zondert ze zich af en laat ze zich na afloop door iemand roepen. Is ze ter plekke aanwezig, dat loopt ze weg bij de finish, een zijstraatje in, zoekt een rustig plekje. Op die momenten laat ze zich bellen door een van de anderen en wandelt ze, nadat ze heeft gehoord dat alles goed is gegaan, terug in de richting van de finish. Heeft Fabio gewonnen, dan is de grootste feestvreugde al voorbij, maar dat is dan maar zo. Want haar spanning heeft niets te maken met winnen of verliezen en alles met de kans op een nieuwe valpartij.

Vandaag in Nyborg is dat voor het eerst een beetje anders. Een beetje. Natuurlijk, de angst voor vallen is er, daarom is ze ver genoeg weggelopen om geen zicht te hebben op de finish.

Maar dit is de Tour de France. Het is Fabio's ultieme doel van het seizoen, de laatste weken zag ze hoe hij steeds meer gefocust werd, en de gekte die ze hier om zich heen ziet is niet vergelijkbaar met die van eerdere koersen waaraan haar vriend meedeed. De combinatie, zo zal ze achteraf een beetje verrast constateren, zorgt er voor het eerst sinds de val voor dat ze toch ook een beetje bezig is met het resultaat van vandaag. Ze zal het later omschrijven als 'zeventig-dertig' – zeventig procent angst voor een val, dertig procent hoop op winst.

De laatste weken waren intensief. Door de berichten in de media over Cavendish en Groenewegen, maar ook door de dreiging van corona. Ploeggenoot Tim Declercq testte positief en miste zo de selectie, enkele stafleden van de ploeg moesten om dezelfde reden thuisblijven. Zelf vermeed Delore, net als Fabio zelf, al een paar weken zo veel mogelijk het contact met anderen. Alles bij elkaar maakt het dat Delore toch ook wel heel sterk hoopt dat Fabio in de gelegenheid komt om vandaag te sprinten. En ze weet: krijgt hij vandaag de kans om mee te sprinten, dan heeft hij een heel goede kans op winst – hij is dit jaar de snelste man in het peloton.

Marloes Jakobsen is bij Delore, ze wil niet dat haar schoonzus alleen staat. Als de helikopter boven het peloton nadert en het publiek onrustig begint te worden, ziet Marloes voor het eerst met eigen ogen hoe sterk de spanning voorafgaand aan een sprint vat krijgt op Delore – ze trilt over haar hele lijf.

Verderop, op zo'n 500 meter van de finish, staat David, Marloes' vriend. Hij heeft zicht op een tv-scherm en steekt geregeld een duim omhoog om te laten weten dat Fabio nog altijd goed zit, nog altijd op zijn fiets, nog altijd vooraan. Als de helikopter boven de finishlijn blijft hangen en de eerste renners voorbij zoeven, is door de vertraging op de tv-schermen bij het publiek achter de lijn nog steeds niet duidelijk wie er heeft gewonnen. Marloes en Delore kijken ingespannen naar David, wachten zijn reactie af. Er is wel een verschil: Marloes kijkt of David juicht, Delore of hij niet zijn handen voor zijn gezicht slaat.

Als David kort daarop als een idioot op en neer begint te springen, doet Marloes hetzelfde: hij heeft gewonnen! Delore is nog niet overtuigd, durft het nog niet te geloven. Als het rumoer om hen heen iets afneemt roept ze: 'Heeft hij echt gewonnen?!'

David, nog steeds springend: 'Ja!' Delores vader komt aanrennen, hij, Marloes en zijn dochter pakken elkaar beet, blijven even staan.

'Geweldig… niet te geloven toch?' Dan lopen ze richting finish, naar Thijs en Sandra die op een meter of 300 achter de meet staan.

Bij de aanblik van haar ouders wordt Marloes plotseling overvallen door wat ze ziet, ze schrikt er zelf van. Hoe ze daar samen staan, hoe gelukkig ze eruitzien. Ze kan zich niet herinneren haar moeder ooit zo blij, zo uitgelaten te hebben gezien. Op hetzelfde moment ziet ze het beeld voor zich van nog geen twee jaar geleden, het moment waarop ze haar moeder wegduwde bij de tv, weg van wat er gebeurde in Polen.

Marloes: 'Het was maar heel kort, maar wat ik voelde was vooral heel veel opluchting, dat het allemaal goed is gekomen...' Bij haar vader ziet ze de grenzeloze trots: 'Ja, apetrots, echt apetrots... Het heeft niet te maken met... hij is net zo trots op mij als op Faab, dat weet ik. Maar dit ging over hoeveel Faab hiervoor heeft moeten laten, wat-ie ervoor heeft gedaan...' De laatste twee jaren zag Marloes haar vader tien jaar ouder worden: 'Dat zie je en dat merk je. Hij is rustiger, wat kalmer geworden en zijn gezicht... alsof het echt zijn tol heeft geëist. Ik kan het maar moeilijk uitleggen...'

Inmiddels, zegt ze, is dat weer aan het bijtrekken: 'Ze halen nu zo veel plezier uit het leven, vinden het zo mooi dat ze met hun busje Faab in de koers kunnen volgen, lekker samen op pad... Mijn moeder heeft in de nasleep een burn-out gehad, dat is ook weer goed nu. Ze waren altijd wel maatjes samen, maar nu Fabio en ik allebei uit huis zijn zie je dat ze weer naar elkaar toe zijn gegroeid...'

Ook Marloes zelf heeft het moeilijk gehad. Anderhalf jaar geleden, toen ik haar sprak over het ongeluk, was ze angstig, was ze van plan om nog jaren thuis te blijven wonen om maar in de buurt van haar broer te kunnen zijn. Ze had vooral moeite met de kans op onverwachte ongelukken of andere catastrofes, kon niet omgaan met zaken die ze niet in de hand had. Nu zegt ze erover: 'Dat ik... ik wilde niet uit huis omdat ik dacht, als er dan bijvoorbeeld wat gebeurt met mijn ouders, dan ben ik er tenminste... Maar ja dat is natuurlijk niet houdbaar, dat is niet te doen... Als mijn moeder in de auto stapt, dan kan ik er niet altijd naast gaan zitten. Dat moest ik loslaten. Dat duurde lang, maar het is me wel gelukt. Nou ja, voor mijn gevoel was het eindeloos, maar misschien is het ook best snel dat het nu weer zo goed gaat. Maar ja dat komt natuurlijk ook... Faab is er zo goed uitgekomen.'

In Roosendaal zit Julius van den Berg alleen voor zijn tv. Kortgeleden verhuisden hij, Froukje en Sterre naar Froukjes geboortedorp. De laatste tien minuten voor de finish wordt hij steeds onrustiger, hij staat om de haverklap vaker op, loopt heen en weer voor de tv. Sterre trekt aan zijn korte broek,

Froukje maakte net de fout haar te vertellen dat ze straks mag zwemmen bij een vriendje. Vanaf dat moment kan ze nog maar aan één ding denken.

De laatste 30 seconden van de etappe staat Julius te springen voor zijn stoel, schreeuwt zijn vriend onafgebroken toe.

'Kom op kom op kom op! Toe dan jongen, come on, pak ze!'

Als hij ziet dat Fabio als eerste de lijn passeert staat hij als een malle te springen, Froukje pakt haar telefoon, stuurt meteen een appje naar Delore. Als ze opkijkt ziet ze Julius, op zijn knieën, foto's maken van de tv.

'Haha wat doe je nou Juul, dat heb je nog nooit gedaan!'

Julius hoort het niet, hij mompelt:

'Man man man wat vet... Dit is toch bizar, bizar... Hij wint dus gewoon een Touretappe, moet je nou kijken, man!'

Als Froukje Sterre meeneemt en alvast naar het zwemvriendje gaat, belooft Julius om later te volgen, hij wil eerst alle beelden zien, alle interviews. Als hij zich bij hen voegt kan hij er nog steeds niet over uit. Om negen uur pakt hij zijn telefoon, opent WhatsApp, typt een berichtje.

Julius: *Ongelooflijk gappie*
Echt magistraal

De volgende ochtend:

Fabio: *Bedankt maat*

‘He’s my friend…’

Fabio zit op het terras van Landgoed Lauswolt, een schitterend vijfsterrenhotel in de bossen van het Friese Beetsterzwaag. Hij is met Delore te gast bij de organisatie van Profronde Surhuisterveen, een van de criteriums waar renners van naam – vooral renners die in de voorbije Tour succesvol waren, op uitnodiging en tegen betaling aan meedoen. Gisteren, de dag na de finish van de Tour, was in Boxmeer de eerste, vanavond is de tweede in Surhuisterveen, daarna volgen er nog veel meer.

Hij is moe. Je ziet het vooral aan zijn ogen – ze stralen, ondanks de bijna altijd aanwezige glimlach, wat minder levendigheid uit dan ik gewend ben. Als hij knippert is het net of het een fractie langer duurt dan normaal voor hij zijn ogen weer opent. Op zondag, na de finish van de Tour in Parijs, lag hij om twee uur in bed, de volgende ochtend zat hij om elf uur in de auto naar Boxmeer. Daar was de aandacht overweldigend. Normaal gesproken probeert hij met iedereen die dat wil op de foto te gaan, nu was dat onmogelijk: ‘Anders had ik daar nu nog gestaan, was ik nooit bij de start gekomen.’

Natuurlijk, zijn lijf vraagt om een bank om op te gaan liggen en er voorlopig niet vanaf te komen, maar ook als hij geen criteriums rijdt zal hij iedere dag een herstelritje moeten maken. Of hij dat nu thuis doet of tijdens een koers van twee uurtjes, maakt weinig verschil. Natuurlijk, het geld is leuk, maar het meedoen aan de criteriums ziet hij ook als een eer, een kans die maar heel weinig renners krijgen.

We bespreken de voorbije Tour. Vooraf verwachtte ik dat het vooral over de gewonnen etappe in Denemarken zou gaan, maar het duurt lang voordat die ter sprake komt. Tussen Beetsterzwaag en Nyborg liggen drie weken tijd, de Alpen én de Pyreneeën, voor Fabio lijkt het een eeuwigheid. Wat nu nog vooral in zijn hoofd zit is hoe zwaar de Tour was en hoe erg hij baalt van het feit dat hij door mechanische pech niet kon meesprinten bij de laatste etappe in Parijs, van het missen van de kans op winst en op de mogelijkheid om zijn ploeg terug te betalen: ‘Dat er weinig sprintetappes zouden zijn, dat wist ik van tevoren. Maar het koersverloop pakte voor mij ook wel heel nadelig uit. Zijn er een of twee van die wandeletappes, dat er wel wind op kop staat en er is een lange vlucht, dan kan je een keer een beetje herstellen. Dat gebeurde nu niet. En op een rustdag herstel je wel, maar dat geldt voor iedereen, dus dat telt niet.'

Bij de tweede massasprint, de dag na de winst in Nyborg, zat Fabio na een niet goed aangesneden bocht op een gat, moest een inspanning leveren die hij later moest bekopen, en zat vervolgens te ver om mee te sprinten voor de winst. Dylan Groenewegen won. De frustratie over het niet mee kunnen sprinten was groot. Hij verkeerde de eerste Tourweek in de vorm van zijn leven, had het gevoel iedereen aan te kunnen. Ook na een afkoelperiode in de ploegbus was het chagrijn nog groot. Voor de camera van de NOS verbergt het mondkapje nauwelijks de frustratie: 'Ik wil winnen, ik wil de ploeg belonen, denk dat ik de benen heb om te winnen, kom niet aan sprinten toe. Dat is frustrerend. Maar dat mag denk ik wel als topsporter.'

Op de vraag of de winst van Groenewegen iets met hem doet: 'Hij is een topsprinter, dat weten we allemaal. Voor de valpartij had ik enorm veel respect voor zijn palmares en hoe hij zijn sport aanpakt. Dat is wel verdwenen sinds de valpartij, daar is de bewondering voor hem een beetje verdwenen. Hij laat hier wel zien dat hij het kan en ik denk dat hij daar blij mee is, maar mij laat dat eigenlijk koud.'

Weer zegt hij als het op Groenewegen aankomt niets nieuws, maar de reacties op de uitspraak zijn ongemeen fel – ongetwijfeld ook omdat de beelden van Groenewegen na de finish, waarbij hij zijn vader innig omhelsde, toonden hoeveel de afgelopen periode ook met hem en zijn familie deed. Fabio komt er een dag later op terug. Op een vraag van NOS-verslaggever Han Kock over de voorbije etappe, gewonnen door Wout van Aert: 'Voordat ik dat doe wil ik nog even terugkomen op gisteren. Ik zei dat de overwinning van Dylan me koud liet. Dat is alleen de prestatie. Uiteraard begrijp ik dat hij en zijn familie ook een hele lastige tijd doorgemaakt hebben. Daar heb ik heel veel respect voor. Gisteren was ik wat gefrustreerd. Dus bij dezen bied ik daarvoor mijn excuses aan...'

In de bergen, eerst de Alpen, dan de Pyreneeën, moest Fabio dieper gaan dan ooit tevoren. Dat was ingecalculeerd, bij de laatste hoogtestage werkte hij veel en lang aan zijn klimvermogen, maar het doel, iets beter klimmen dan bij de laatste Vuelta, behaalt hij in Frankrijk niet – de getrapte wattages zijn vergelijkbaar. Het gevolg is dat het regelmatig ongemeen spannend is of hij op tijd binnenkomt. Wat daarbij niet helpt is dat er deze Tour iedere dag verschrikkelijk hard wordt gekoerst en dat de tijdslimiet, een percentage van de tijd van de winnaar, op sommige dagen scherper staat dan vooraf voorzien.

Op de laatste woensdag, een rit met vier Pyreneeëncols en met de finish in Peyragudes, komt dat tot een hoogtepunt. Omdat het halen van de limiet op de laatste klim erg twijfelachtig wordt, zijn Fabio's ploegmaats al bij hem weggereden – beter één man uit koers dan de hele ploeg. Halverwege de Peyresourde passeert Fabio zijn ouders. Thijs en Sandra hebben net Yves Lampaert voorbij zien komen, daarna Florian Sénéchal. Even vrezen ze dat hun zoon is afgestapt, maar kort daarop komt hij, zwoegend maar strijdbaar, voorbij. Ze staan op een relatief minder steil stuk, Thijs kan zijn zoon rennend niet bijhouden. Ook Sandra rent een stukje mee. Fabio reageert niet, het lijkt erop dat hij zijn ouders niet opmerkt. Die avond blijkt van wel, als hij zijn vader een appje stuurt: 'Kijk uit dat jij of mama niet vallen met meerennen of duwen. Dat is het niet waard.'

Boven, aan de meet, voorbij de streep, staan Lampaert en Sénéchal Fabio op te wachten. Als hij, de allerlaatste in koers, voor de bezemwagen, helemaal alleen komt aanrijden over de brede, kaarsrecht, steil oplopende finish, hartstochtelijk aangemoedigd door het publiek, zie je pas echt hoe weinig hij als zware, extreem gespierde klimmer van tachtig kilo, thuis is in het hooggebergte. Zie die dikke kuiten, zware bovenbenen, de knieën een beetje naar buiten wijzend, het bovenlichaam zwaar heen en weer wiegend, de blik naar de grond gericht... Het is een lijf dat gemaakt is voor inspanningen van maximaal 20 seconden en dat zich nu, in de hitte, over de ene na de andere Pyreneeëncol moet zien te trekken. Wat je ook ziet: op dit soort dagen wordt achter het peloton aanzienlijk meer geleden dan ervoor. Doorgaans blijft dat onopgemerkt, maar hier rijdt de man die sinds zijn val en zijn wonderbaarlijke wederopstanding met meer interesse wordt gevolgd dan welke andere renner ook.

Aan de streep staan Fabio's ploegmaats Yves Lampaert en Florian Sénéchal hem aan te moedigen, ze klappen hun handen blauw, ballen hun vuisten. Via de ploegradio schreeuwen ze hem toe. Herman van der Zandt van de NOS: 'Nog 28 seconden, hij gaat het redden… daar is Jakobsen… iedereen schreeuwt hem binnen… en hij haalt het op… 18 seconden…' Stef Clement: 'Ik heb dit nog nooit gezien, dat een ploeg, inclusief de soigneurs, daar staat te klappen…'

Fabio rolt na een eindsprint uit naar links uit en valt, ondersteund door een verzorger, schuin tegen de boarding aan. Even wordt hij door de soigneurs, ploeggenoten en fotografen om hem heen aan het oog onttrokken. Bij het volgende beeld, als Lampaert hem van zijn fiets heeft geholpen, zakt hij naar de grond en blijft in een foetusachtige houding tegen de hekken leunen. Stef Clement: 'Dit is de pure sprinter die dit soort dagen moet overleven. Met 18 seconden op de klok is dat niets anders dan overleven geweest hoor.'

Als Fabio iets overeind komt giet Yves Lampaert een flesje water over zijn rug, pakt hem van achteren beet, fluistert hem iets toe. Dan maakt hij het riempje van Fabio's helm los, tilt de helm op.

Omdat Fabio zelf te uitgeput is om zijn verhaal te doen, vraagt de NOS Florian Sénéchal voor de camera. Sénéchal, zichtbaar geëmotioneerd: '*After Poland… when I saw his face, destroyed. And then today… chapeau…*' Interviewer Steven Dalebout: '*He never gives up…*' Sénéchal, de tranen wegvegend: '*He has my respect… he is my friend…*'

Op weg naar het hotel, in de teambus, doet Fabio zijn rek- en strekoefeningen, na aankomst wordt hij gemasseerd. Als hij om tien uur buiten het hotel aanschuift bij Herman van der Zandt voor een interview voor *De Avondetappe* heeft hij zijn diner net op, het dessert wacht nog. 'Ik ga sowieso niet opgeven. Dus dan maar buiten tijd.'

Nadat het interview met Sénéchal op een monitor voor hem is afgespeeld, zegt hij, lachend: 'Ik zeg net bij het diner tegen Florian: als ze die beelden straks weer laten zien ga ik ook weer huilen, haha!' Dan: 'Het is m'n maat. Hij wilde vandaag eigenlijk bij me blijven op de klim. Maar het was te krap en hij moest me laten gaan. Enne, ja... ik ben heel blij dat hij mijn ploegmaat is, dat ik dit met hem samen mag doen.'

Fabio vertelt dat hij twee of drie keer aan opgeven heeft gedacht, maar dat hij het nooit serieus heeft overwogen. Dat dit de Tour is en dat dit erbij hoort. Via zijn oortje hoorde hij Lampaert roepen dat hij op 500 meter nog ongeveer een minuut had. 'Gelukkig kan ik er dan nog wel een sprintje uitpersen...' Over morgen, de laatste bergetappe van de Tour: 'Ik ben redelijk vermoeid. Maar er is een bepaald vermogen en een bepaalde snelheid die ik op de klim aan kan houden en ik denk dat als ik dat morgen doe... dan gaat het krap zijn, maar het moet te doen zijn. En het is nog maar één dag, dus we gaan nog één dag. Morgen geef ik weer niet op.'

Op het hotelterras in Beetsterzwaag, met uitzicht op de golfbaan: 'Het was los van de eerste week niet echt leuk om de Tour te fietsen. Ik heb niet veel lol gehad, zeg maar. Of met een heel goed gevoel op de fiets gezeten. Dat is natuurlijk altijd wel met een grote ronde, maar deze was extreem. Vooral voor mij, als niet-klimmer. Daarom ben ik ook wel blij dat ik het einde gehaald heb. En dan uiteindelijk een anticlimax op de Champs-Élysées waarbij ik in de sprint wil aangaan en mijn ketting eraf stuitert. Dat mag niet gebeuren. We moeten dat nog uitzoeken. Maar als je daar nou nog een uitslag rijdt... Dus dan zit je twee weken in de Tour te rijden zonder een sprint.'

Ik vraag of hij zelf doorheeft dat hij, terwijl we al twintig minuten zitten te praten, zijn gewonnen etappe nog niet heeft genoemd. Het doel waarvoor hij al vijftien jaar alles doet is behaald, en hij staat stil bij wat beter had gemoeten of gekund. Hij schiet in de lach. 'Ja, dat weet ik wel, maar het lijkt zo lang geleden. En ik weet dat het een Touretappe is... Ik weet wel dat het zo is... maar wat nu zo doorweegt is die vermoeidheid en dan aan het eind van de rit niet kunnen sprinten...'

Dan zegt hij iets dat weer doet denken aan de woorden van Lennard Hofstede, over een toprenner als Fabio of Primož Roglič, die in zijn hoofd iets al heeft zien gebeuren en het alleen nog maar in het echt hoeft te doen. Hij zegt het zelfs letterlijk: 'Het klinkt heel gek, maar dat ik een sprintje kon winnen tegen de beste sprinters van de wereld, dat wisten we wel, denk ik. Het moest alleen nog even hier gebeuren...' Ik confronteer hem met Hofstedes woorden, weer schatert hij: 'Ja... Het wordt van je verwacht maar ik verwacht het ook van mezelf en het is een realistisch doel. Het is iets waar ik naar toewerk, iets waarvan ik weet dat ik het kan, helemaal na zo'n voorjaar. Natuurlijk, ik ben er dan supertrots op en blij mee en gelukkig. En het is loon naar werken. Maar dat verschil tussen erin geloven en dat het ook gebeurt, ja waar zit dat in? Ik ben ook niet bezig met wat er mis kan gaan, ik denk alleen: hoe kan ik vandaag gaan winnen?'

De blik vooruit, het altijd gefocust zijn op de volgende kans op winst, het is sinds de val niet veranderd. Winnen is nog even belangrijk, relativeren na een gemiste kans gaat misschien wel iets sneller. Heeft hij wel gewonnen, dan gaat op hetzelfde moment de focus naar de volgende kans. Fabio: 'Ja, gelijk winst in etappe twee en dan ja... doel gehaald, de druk is eraf zou je zeggen, maar zo ervaar ik dat ook niet. Want het spelletje begint gewoon weer opnieuw de dag erna.'

Hij heeft nog nauwelijks de tijd kunnen nemen om stil te zitten en na te denken over het feit dat hij nu het ultieme heeft bereikt wat een sprinter kan bereiken, dat hij beter is teruggekomen dan hij ooit was. Toch, zoals nu, breekt dat besef even door, samen met een bijna verontschuldigende glimlach. Tijdens de Tour was er geen tijd voor, maar hij realiseerde het zich ook gisteren in Boxmeer, bij het zien van de reacties bij het publiek. En aan een jonge, hem onbekende procontinentale renner, die hem opzocht en tot drie keer toe zei hoe bijzonder hij het vond wat Fabio heeft gedaan. 'Zo'n jongen komt dan bij je en zegt hoeveel respect hij voor je heeft. Dus dan zeg ik: blij dat je ervan genoten hebt en laat het een motivatie zijn voor jou…' Direct is er weer dat relativeren: 'Toen ik mezelf dat hoorde zeggen tegen die jongen dacht ik meteen: wat zeg je nou joh? Je bent vijfentwintig… Maar ja, ik vind dat ik dat op dat moment wel moet zeggen. Want of ik nou vijfentwintig ben of vijfendertig, als hij zoiets tegen me komt zeggen, dan vind ik dat ik ook iets moet zeggen waar hij wat aan heeft.'

Dat relativeren. Het is me allang duidelijk van wie Fabio het heeft. Toen ik Thijs Jakobsen vroeg wat er met hem en zijn vrouw gebeurde nadat hun zoon een etappe won in de Tour de France, zei hij: 'Nou ja, toen gingen we snel de camper opzoeken. Want het was hartstikke druk daar en we moesten die middag nog een heel stuk rijden.'

Toch was er tijdens de Tour iedere dag wel degelijk steeds een kort moment van besef bij Fabio, al was het maar een paar seconden. Dat was bij de dagelijkse ploegenpresentatie, waarbij de ploegen een voor een op het podium werden geroepen en waarbij omroeper Marc Chavet Fabio steevast als volgt aankondigde:

'Le meilleur sprinteur du monde… Fabio Jakobsen!'

Fabio is de snelste sprinter ter wereld.

Thuis

31 juli 2022, Roosendaal

In een hoekwoning in een Roosendaalse volkswijk staat een meisje van net twee in haar rompertje met een pop onder haar arm in de keuken. Op haar hoofd heeft ze een knalroze fietshelm van het merk POC. Die is van haar vader, profwielrenner. Hij kan elk moment thuiskomen, hij komt terug van een wedstrijd in Spanje.

Op het moment dat ze de deurbel hoort rent ze als een gek weg, door de woonkamer de gang in. 'Mijn papa Juul!'

Daar, in de gang, staat een jongeman in korte broek, gespierde, geschoren benen met een paar littekens rond de knieën, een zwart T-shirt met de tekst WOLFPACK. Vanavond rijdt hij, net als zijn vriend Julius, het Roosendaalse criterium Draai van de Kaai. Anderhalf uur geleden belde hij Froukje. 'Vind je het goed dat we er wat eerder zijn? Dan kan ik m'n fiets nog even schoonmaken.'

Froukje: 'Natuurlijk, gezellig!'

Nu, in de gang, zegt Fabio tegen Sterre: 'Zal ik de deur opendoen?'

Als de deur openzwaait, staat daar, breeduit lachend, Sterres vader – rode kuif, donkerblauwe kleding met een roze logo: EF EDUCATION FIRST.

'Heee!'

Sterre wacht heel even, rent dan in de armen van haar vader. Hij tilt haar op, geeft haar een kus, wrijft over haar ruggetje. Dan ziet hij zijn vriend Fabio staan, zeven dagen geleden gefinisht in de Tour de France. Ze hebben elkaar sindsdien niet gezien.

Fabio: 'Ze heb je gemist.'

Julius: 'Hee, hoe issie, maat?'

Fabio: 'Goed.'

Epiloog

Zondag 22 augustus

Julius van den Berg staat op een indrukwekkend podium in het centrum van Breda, voor hem staat een immense menigte juichende wielerfans, inclusief Froukje, Sterre, zijn ouders en zijn broers. Zojuist is hij voor de tweede achtereenvolgende dag gehuldigd als bergkoning van de Vuelta España. In zijn bergtrui, hagelwit met knalblauwe bollen, staat hij, tegen een al even blauwe achtergrond van ledverlichting, te zwaaien naar het publiek. Zijn knalrode kuif, zo te zien kortgeleden geknipt, steekt er prachtig fel bij af. De knuffel in zijn hand, een Nijntje in bollentrui, zal hij straks aan dochtertje Sterre geven.

Dit weekend maakte het grote Nederlandse wielerpubliek voor het eerst kennis met Julius van den Berg. Hij deelde handtekeningen uit, werd overal waar hij verscheen gefotografeerd en de onvermijdelijke woordgrap, *Julius van den Bergtrui*, klonk veelvuldig. Zowel voor als na de etappes stond hij te stralen voor de tv-camera's. Steeds die kuif, die brede lach, een grap of een kwinkslag. Tegen Han Kock van de NOS: 'Eindelijk word ik eens herkend!' Als Kock hem vraagt hoe hij aankijkt tegen de komende dagen in Spanje, waar de echte bergen wachten: 'Nou, als bergkoning is dat je ding toch? Ik ben blij dat ze komen!'

Julius heeft drie onvergetelijke dagen op de fiets achter de rug. Eerst was er de ploegentijdrit door een kolkend Utrecht, gisteren de eerste etappe in lijn. Het plan dat hij en zijn ploegleiders vooraf smeedden – proberen in de kopgroep te komen om vervolgens de bergtrui te veroveren in eigen land – slaagde. Het werd een bijna kolderieke strijd op de Utrechtse Heuvelrug, waarbij het, mede door de extreme drukte langs de weg, niet duidelijk was waar de streep precies lag. Na twee premature sprints was Julius ook bij de derde – de echte – de sterkste. Vandaag zat hij weer in de ontsnapping. Weer hoorde hij de hele dag zijn naam, weer was hij overweldigd door het aantal mensen langs de weg. En weer pakte hij punten voor de bergtrui – hij mag hem minimaal nog een dag dragen.

Gisteren, bij de etappe over de Amerongse Berg, zat Fabio Jakobsen, zelf zes dagen geleden in München Europees kampioen geworden, thuis, voor de tv. Direct nadat Julius zijn sprint won en het duidelijk was dat hij die middag de bergtrui mocht aantrekken, pakte hij zijn telefoon en typte een bericht op WhatsApp:

Fabio: *Yes*
Gaaf!!!
😎
Ik ben trots
Lekker maat

Twee uur later maakt hij een foto van de tv en appt hem naar zijn vriend. Op de foto: Julius in zijn bollentrui, met een brede lach zwaaiend naar het publiek.

Een halfuur later:

Julius: *Hahaha gvdmooi man*
3x sprintje
Naar de klote
😂

Fabio: *Ja maat*
Je bent goed bezig
🤍🩶🖤

Julius: *Thanks maatje*